LES

FRANÇAIS AU CANADA

ET EN ACADIE

PAR

REMY DE GOURMONT

OUVRAGE ILLUSTRÉ DE 49 GRAVURES

PARIS

LIBRAIRIE DE FIRMIN-DIDOT ET Cⁱᴱ

IMPRIMEURS DE L'INSTITUT, RUE JACOB, 56

—

1891

INTRODUCTION.

Au mois de décembre 1886, M. Mac-Lane, ministre des États-Unis à Paris, prononçait dans un banquet les paroles suivantes :

« Avant même que la civilisation anglaise s'implantât sur les côtes américaines de l'Atlantique, des huguenots français avaient fondé une colonie dans la Caroline du Sud, qui s'appelait alors *la Floride française*, et d'autres Français s'établissaient dans la région du Canada et jusque dans l'État actuel du Maine.

« Par le Saint-Laurent, par l'Ohio, par le Mississipi vos compatriotes pénétrèrent, les premiers, dans le centre du continent, laissant partout sur leur passage des noms qui rappellent leur souvenir. De Québec à la Nouvelle-Orléans, on peut suivre la marche de ces hardis pionniers par les dénomina-

tions géographiques inscrites sur la carte : Détroit,
Saut de Sainte-Marie, Fond-du-Lac, Saint-Louis,
Vincennes et cent autres lieux (1) témoignent de l'é-
tendue et de la persistance de l'influence française
dans une grande partie des États-Unis. »

Cette appréciation du rôle de la France dans le
nouveau continent n'est pas une banalité, dictée
par la courtoisie internationale; c'est également
l'opinion de M. Parkman, que les Français furent
les vrais pionniers de l'Amérique, et les historiens
anglais n'y sauraient contredire.

Et malgré les faits, malgré l'opinion des étrangers eux-mêmes, le préjugé demeure toujours vi-
vace, que la France n'est pas une nation colonisatrice. Quelle est l'origine de cette opinion? on ne
le sait, mais comme elle repose sur l'ignorance de
notre rôle historique d'outre-mer, il est assez facile
de la combattre. Il suffit de prendre quelques épisodes de notre histoire coloniale et de les conter de
son mieux; pour ceux-là du moins qui ont lu, la
preuve est faite et l'opinion réfutée.

Certains paradoxes historiques peuvent avoir une
influence analogue à l'influence de la calomnie sur
un individu. Un homme dont on a terni la réputa-

---

(1) Citons encore parmi les villes importantes dont l'origine fut
un fort et un établissement français : Ticonderoga (ancien fort Carillon), Chicago, Pittsburg (ancien fort du Quesne), ces deux dernières des plus peuplées de l'Amérique du Nord.

tion, pour innocent qu'il soit, se sent paralysé; l'action lui est devenue impossible; il laisse dire et ne sait plus rien faire.

Cette opinion que nous ne savions pas coloniser a sûrement été l'une des causes du recul de notre influence sur des pays qui nous doivent le premier coup de pioche civilisateur. Non seulement, nous avons cédé ou vendu, comme des inutilités ou des embarras, nos immenses possessions américaines, mais nous nous en sommes si profondément désintéressés dans la suite, qu'une population française de plus de deux millions d'âmes a pu grandir par-delà l'Océan, presque à l'insu de la mère patrie. Nous avons délaissé jusqu'à son histoire, et aujourd'hui il nous faut la rapprendre. La besogne est amère.

Lorsqu'on jette les yeux sur la carte de l'Amérique septentrionale dressée en 1743 par Bellin, ingénieur du roi et hydrographe de la marine, un mouvement d'orgueil fait battre le cœur.

Depuis la baie d'Hudson jusqu'à l'embouchure du Mississipi, depuis les solitudes neigeuses de l'extrême nord-ouest jusqu'à l'embouchure du Saint-Laurent, la terre est française. Au sud, c'est la Louisiane, au nord, le Canada. Les Anglais n'occupent encore qu'une étroite bande du sol américain, entre les monts Alleghanys et la Floride, qui est espagnole.

Laissez passer quelques années, et le Nord sera

devenu anglais; quelques années encore, et le Sud aura été vendu à la nouvelle République.

Le drapeau français avait disparu, mais du moins la langue restait, au moins en de certaines régions : c'est qu'elle était parlée dans l'Amérique du Nord depuis deux siècles; c'est qu'elle avait été la première langue civilisatrice qui se fût fait entendre sur le continent sauvage. La langue, à défaut de la nationalité, s'est conservée jusqu'à nos jours dans des conditions de vitalité qui lui assurent la durée.

C'est donc à une population française que l'auteur dédie cet essai où sont résumées les annales du vaste pays qui a si justement porté le nom de *Nouvelle-France.*

LES

FRANÇAIS AU CANADA.

CHAPITRE PREMIER.

Le Canada avant les Européens. — Algonquins et Hurons. — Les Indiens. — Iroquois. — Mœurs et coutumes. — Organisation politique, sociale et militaire. — L'étiquette indienne. — Suprématie des Iroquois. — Sauvages et Spartiates.

L'histoire du Canada, non plus qu'en général l'histoire de l'Amérique, ne commence avec la découverte du continent nouveau par les Européens. Pour nous en tenir au Canada, cette immense contrée qui s'étend des grands lacs à la baie d'Hudson, des sources du Mississipi à l'estuaire du Saint-Laurent, n'était pas absolument un désert à l'époque où les premiers navires abordèrent ses côtes mystérieuses; d'assez nombreuses tribus d'Indiens le peuplaient, race turbulente, guerroyante, mobile, qui troublait de ses guerres, de ses rivalités, de ses migrations la paisible et naturelle beauté des forêts de pins et de chênes, des fleuves larges comme des lacs et des lacs grands comme des mers.

2

Trois grandes familles d'aborigènes se partageaient
le sol : les Algonquins, les Hurons, les Iroquois.

Les Algonquins, certaines peuplades comme les Mas-
sachusets, les Mohicans, noms demeurés populaires,
vivaient de chasse, de pêche surtout, et se cantonnaient
le long des rivages destinés à devenir la Nouvelle-Angleterre. Ces tribus avaient une agriculture, cultivaient
le maïs ou blé d'Amérique, étaient exemptes de ces horribles famines qui, tous les hivers, étreignaient les Abé-
naquis du Maine, les Souriquois et les Mic-Macs de la
Nouvelle-Écosse, les Papanichois, les Bersiamites et autres groupes établis sur les rives du Saint-Laurent. Ces
dernières populations, d'un type algonquin fort inférieur,
furent comprises par les Français sous le nom générique
de Montagnais; l'été, ils venaient dresser leurs *wigwams*
(tentes ou abris) autour de Tadoussac, où débarquaient les
trafiquants de fourrures, et, l'hiver venu, ils partaient,
débandés par un excès de famine qui les poussa maintes fois jusqu'au cannibalisme.

D'autres Algonquins se disséminaient jusqu'à l'île des
Allumettes, où demeurait la nation de l'Ile, jusqu'au
lac des Nipissings.

De là, en appuyant au sud-ouest, on rencontrait les
premières agglomérations huronnes. Au lieu d'une nation de hasard, dispersée, sans stabilité, on trouve un
peuple doué d'un commencement de civilisation.

Ce qui distingue tout d'abord le Huron, c'est son caractère sédentaire, passif; son habitude de se retranchei
derrière des remparts. La région qu'ils dominaient,
resserrée dans une presqu'île du lac Huron, contenait
une population de plus de 20,000 individus, d'après le
recensement des jésuites en 1639.

Ces *villes* huronnes couvraient chacune un espace variant d'une à dix acres d'étendue; elles se composaient de maisons ou huttes d'écorce, assemblées sans aucun plan régulier, posées en un emplacement favorable à la

Fig. 1. — Entrée de la rivière d'Hudson.

défense, « tel que le bord d'un lac, le sommet d'une colline, ou la pointe de terre placée à un confluent de rivière. Un fossé profond, » continue M. Parkman, l'historien américain de la Nouvelle-France, « entourait le village; sur le revers, on établissait plusieurs rangées de palissades en lignes concentriques et formées d'arbres, dont on obtenait l'abatage en alternant par le feu et par l'attaque à la hache de pierre de la partie calcinée; chacune des rangées s'inclinait vers la rangée opposée jusqu'à ce que, se rencontrant, elles entrassent l'une dans l'autre. Le tout était garni à l'intérieur de plaques d'écorce : puis, au sommet, on formait une sorte de galerie pour les défenseurs, avec des gouttières en bois, par lesquelles on pouvait verser des torrents d'eau et éteindre le feu mis par les assaillants. Des monceaux de pierres et des échelles complétaient les prévisions de la défense. »

Les maisons protégées par ces remparts étaient d'une assez originale architecture pour avoir arrêté l'attention de tous les voyageurs. Le P. Sagard, récollet, en parle avec grand détail dans son *Grand Voyage du pays des Hurons* (1632).

Variables dans leurs dimensions, les moindres mesuraient 30 pieds en longueur; quelques-unes atteignaient les proportions incroyables de 250 pieds de long. Leur forme rappelait celle d'un berceau découvrant une allée, et, en réalité, les murailles étaient de jeunes arbres rapprochés et réunis au sommet; même procédé que pour les murs de défense. Des traverses, des plaques d'écorce, des éclats de sapin consolidaient la toiture, bouchaient les intervalles; comme liens, on se servait de cordes en écorce de tilleul.

Plusieurs familles, en aussi grand nombre qu'il e fallait pour la remplir, habitaient une même hutte Huron n'avait d'ailleurs qu'à un degré fort méd sentiment de la propriété individuelle. Chaque avait droit au terrain qu'elle pouvait cultiver, i

que cette attribution impliquât autrement la possession
du sol.

Après avoir défriché par le pieu et le feu une par-
celle de forêt, les *squaws* (nom donné aux femmes in-

Fig. 2. — Camp d'Indiens au bord d'un lac.

diennes) semaient les fèves, le blé, les citrouilles, le
tabac, le soleil (tournesol), le chanvre.

Cette culture, et surtout la prévoyance qui leur faisait
enterrer les fruits de la récolte dans des silos ou des ca-
ches, les assurait contre la famine. Très supérieurs en

cela à la plupart des tribus algonquines, les Hurons, comme les Iroquois, l'emportaient encore par leur habileté aux arts serviles : ils savaient fabriquer la poterie, tresser la paille et le roseau, obtenir la filasse de chanvre, extraire l'huile de poisson ou des graines de soleil; ils connaissaient le tabac et la pipe. Leurs armes étaient faites de bois, os et pierre, de cuir de bison pour les boucliers.

Ces peuples que l'on appelle sauvages, et qui le paraissent vraiment, étonnent souvent par quelque prodige où il semble qu'une délicatesse très civilisée fût nécessaire : ainsi demeure encore inexplicable le *wampum*. C'était une perle de nacre, allongée, percée dans la longueur; la verroterie remplaça ces merveilles de patience et d'art. On ne croit pas qu'aujourd'hui le procédé soit connu de travailler si finement la nacre, — et avec quels outils!

Le *wampum*, ornement, presque l'unique vêtement des filles, servait de monnaie, de *quipos*, par certaines combinaisons, de registres, d'archives, instrument flexible de mnémonie. Des vieillards étaient chargés de la garde et de l'explication éventuelle de ces fragiles et bizarres répertoires.

En leurs costumes, robes de fourrures, broderies, tissus de plumes, Hurons et Iroquois possédaient des merveilles; leur personne, la peau tatouée capricieusement, tannée, travaillée, les cheveux relevés, rasés sauf une mèche flottant en panache, avait de tout temps occupé beaucoup leur imagination. Des Indiens du sud-ouest du Canada apparurent aux Français les cheveux taillés ras sur le côté; sur le dos de la tête, une brosse en forme de dos d'hyène. « Quelles hures! » s'écria un Français, au rapport de Lejeune, dans sa *Relation* (1633); le nom des Hurons était trouvé. Leur nom véritable était sans doute Ouendat, qui se retrouve dans le nom donné

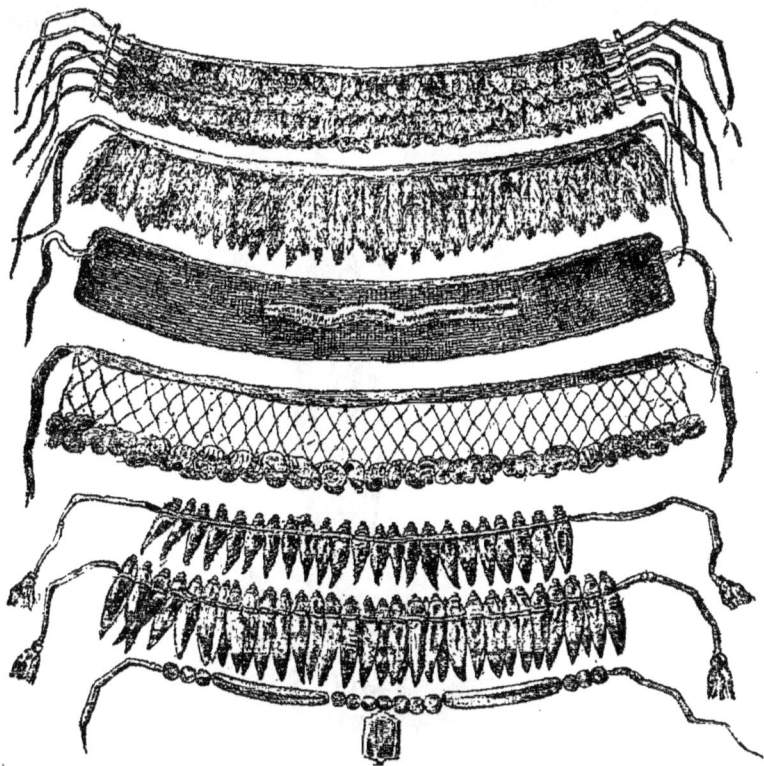

Fig. 3. — Wampums.

aux restes actuels de l'ancienne nation huronne, Wyandot ou Guyandot.

Un assez grand commerce d'échange se faisait dans l'Amérique du Nord, avant l'arrivée des Européens. Les Hurons entretenaient des relations avec quantité de peuplades établies depuis la baie d'Hudson et les lacs jusqu'au golfe du Mexique; si le Mexique était en communication

avec le sud, on peut dire qu'un courant de trafic traver-
sait tout le nouveau continent.

On ne parlera pas des mœurs, qui étaient dissolues en
général, féroces, dominées par cette étiquette particulière
à la race de Peaux Rouges, étiquette qui tyrannisait leur

Fig. 4. — Coiffure de plumes

vie sous une loi inflexible, faisait sacrifier tout à la vanité ; ni des usages, ni des fêtes, ni des superstitions. Ce
qu'on vient de dire suffit, et c'était notre but, à montrer
que les Indiens, Hurons et Iroquois notamment, jouissaient d'une certaine civilisation matérielle. Il reste à
donner quelques détails sur leur organisation sociale et
politique ; on les empruntera principalement à l'histoire

des Iroquois, ce peuple aussi remarquable par le caractère de l'individu que par celui de la nation.

Les Iroquois vivaient entre l'Hudson et le lac Érié, remontant souvent en excursions vers le nord, à peu près

Fig. 5. — Guerriers indiens.

toujours en guerre contre la nation de Tobacco, qui cultivait exclusivement le tabac; contre les Ériés aux flèches empoisonnées, les redoutables Andastes, surtout contre les Hurons, l'ennemi séculaire. Entre les Hurons et les Iroquois, vers la rivière Niagara, un peuple gardait la neu-

3

tralité, appelé pour cela la nation neutre, sans qu'il y ait apparence que ce pacte ait été jamais rompu. Les Neutres faisaient cependant la guerre avec les Masentins, tribu algonquine du Michigan, et leur férocité allait jusqu'à brûler les femmes prisonnières. Ce peuple était singulier en tout, et à peine est-il croyable qu'ils conservassent dans leurs demeures les morts jusqu'à la pourriture complète; alors ils grattaient les os, rangeaient les squelettes le long de la muraille pour y attendre la fête des morts. Ces aberrations n'étaient peut-être point particulières aux Neutres; pourtant on doit s'attendre à trouver plus de raison chez d'autres, par exemple, chez les Iroquois. Ceux-ci avaient en effet une remarquable organisation sociale.

Il semble d'abord que les lois manquent, ou tout au moins, si les usages servent de lois, les moyens de les faire observer. En effet, s'il y a une hiérarchie sociale, il n'y a pas de pouvoir, à proprement parler, pas d'autorité civile : c'est que, en réalité, il n'y a qu'une puissance, et une puissance incontestée pour les Indiens, l'étiquette. La société indienne ressemble à ce que serait une société d'Européens de mœurs moyennes et de très bonne éducation pour laquelle l'unique code serait celui du savoir-vivre. Sous une apparente liberté, l'Indien est tyrannisé par une foule de conventions; ce qu'il faut faire, ce qu'il ne faut pas faire, il le sait et il règle d'après cela sa conduite, sans nulle intention morale.

Le fond du caractère indien, c'est la fierté, sa manifestation la plus ordinaire est la politesse. Les premiers missionnaires étaient charmés de la docilité de leurs néophytes, qui acceptaient tout, se prêtaient à tout, mais seulement par l'effet d'une suprême et dédaigneuse cour-

Fig. 6. — Tente d'un chef indien.

toisie, pour ne point contredire un hôte et un étranger.
S'il y avait une sanction à l'observation des usages, elle
était dans l'opinion publique, dont l'Indien avait la plus
grande crainte, sorte de tribunal sans appel dont les ju-
gements pouvaient noter d'infamie le coupable. La société
indienne, toute hiérarchisée qu'elle est, a des tendances
démocratiques : on s'entr'aide dans le malheur, on partage
son temps, ses vivres avec ceux qui sont dans la pénurie.
Chez les Iroquois, il y a des riches et des pauvres, mais
si le pauvre entre dans la hutte du riche à l'heure du
repas, les femmes le servent sans rien dire.

Divisés en cinq nations qui avaient un nom géogra-
phique, les Iroquois se partageaient encore en clans.
Chaque clan était composé, sans distinction de nation, de
tous ceux qui se reconnaissaient le même ancêtre. Cet
ancêtre commun était un animal, et l'emblème qui le
représentait s'appelait *totem* (1).

Il y avait huit clans : la Tortue, l'Ours, le Loup, le
Castor, le Cerf, la Bécasse ou petit Pluvier, le Héron ou
grand Pluvier, le Faucon; les trois premiers, les plus
puissants, avaient le privilège de fournir un plus grand
nombre de chefs de guerre que les autres.

Le clan n'était qu'une extension de la famille, et le
mariage était défendu entre membres du même clan, usage
qui, comme le *totem*, se retrouvait chez les Australiens,
les Fidgiens, dans l'Inde, chez les Tamouls et dans l'Hi-
malaya, chez les Calédoniens, chez les anciens Norvégiens,
aux îles Shetland.

Héréditaire dans la ligne maternelle, la fonction des
chefs devait néanmoins être confirmée par le suffrage po-

(1) Voir en particulier A. Lang, *Mythologie*, 1886.

pulaire; le nouveau chef abandonnait son nom pour prendre celui qui était attaché à sa fonction.

Il y avait deux classes de chefs : les *sachems*, qui formaient le conseil supérieur de la nation, et les chefs secondaires, arrivés à cette dignité non par la naissance, mais par la valeur. Ils se réunissaient également en conseil ; un troisième conseil était composé des vieillards ; un quatrième, des jeunes guerriers ; un cinquième, des femmes. Chacun de ces conseils inférieurs avait sa voix et son influence au conseil des sachems, et ainsi la nation entière prenait part aux délibérations qui intéressaient sa prospérité. Dans les circonstances graves, si la sécurité de la ligue était en jeu, les sachems de chaque nation se réunissaient en un grand conseil unique; à cette assemblée pouvaient encore se faire représenter les autres différents conseils, au moyen de députés dont les discours étaient écoutés avec autant de soin que ceux des membres mêmes d'un Sénat.

Cette organisation semble idéale, et le parlementarisme des Iroquois un chef-d'œuvre de raison; il était, il nous semble, intéressant de dire cela avant de livrer le Canada et les régions voisines à l'absolutisme français, au fanatisme anglais.

Le système iroquois fit l'admiration des jésuites, qui l'observèrent avec désintéressement : « C'est par leur politique subtile, dit le P. Lafitau, qu'ils (les Iroquois) ont pris un tel ascendant sur les autres nations, divisé et maîtrisé les plus courageuses, qu'ils sont devenus la terreur de leurs voisins, et ont su garder une pacifique neutralité entre les Français et les Anglais, courtisés et redoutés de tous deux. »

La plupart des historiens du Canada s'accordent sur

Fig. 7. — Bocage du conseil.

ce point que la puissance militaire des Iroquois reposait moins sur le nombre et la valeur de leurs guerriers, que sur leur organisation civile. Ce peuple, individuellement indomptable, était capable d'une si grande discipline que pour les décisions de leurs conseils, l'unanimité était jugée nécessaire et s'obtenait presque toujours. M. Parkman prononce à propos des Iroquois le nom de Sparte, et il faut convenir que nul autre peuple n'est arrivé à unir à ce point « l'existence individuelle et la vie nationale », à se servir également de la valeur et de l'abnégation personnelle.

Leur organisation militaire n'avait rien de spécial : tout chef, même secondaire, pouvait lever une expédition ; l'accompagnait qui voulait. Dans les grandes occasions seulement, la ligue se mettait en mouvement, concertant une action commune, enveloppant l'ennemi. L'Iroquois, qui luttait avec désavantage contre l'Européen en rase campagne, était dans les bois un adversaire redoutable, à peu près invincible.

Malgré les pertes constantes qu'ils faisaient à la guerre, la population se maintint toujours au même niveau, grâce à l'adoption des prisonniers; vers l'époque de la découverte, ils étaient représentés par un ensemble de 10 à 12,000 individus, pouvant fournir de 2 à 3,000 guerriers.

Si l'intrusion des blancs ne les avait arrêtés, il est probable que les Iroquois fussent parvenus à l'hégémonie de tout le pays compris sous le nom de Bas-Canada et de Nouvelle-Angleterre. Seraient-ils sortis de l'état sauvage? cela est peu probable : « Les traits même qui élèvent cette race au-dessus des races serviles et abâtardies la rendent antipathique au genre de civilisation que celles-ci, leurs inférieures à d'autres titres, peuvent adopter. Un esprit d'indépendance intraitable, l'orgueil qui lui défend l'imitation, premier jalon de l'éducation, ne contribuent que trop à encourager cette léthargie morale dont presque aucun effort n'a encore réussi à le tirer. »

CHAPITRE II.

Non seulement la colonisation, mais la découverte de l'Amérique a parfois été revendiquée par la France, si tant est que l'Amérique ait jamais été découverte, car aussi loin que l'on remonte dans l'histoire, on voit qu'il existait des relations entre l'Ancien et le Nouveau Monde.

Le Groënland fut très anciennement colonisé par les Norvégiens, qui, de l'Islande, touchaient presque à cette terre, alors fertile et verdoyante, comme l'indique son nom, *terre verte*. D'après une *saga*, le christianisme fut porté dans ce pays par Lief, fils d'Éric le Rouge, qui, le premier, foula le sol américain. En 1002, le Groënland avait une église; en 1120, un évêque; en 1126, une cathédrale s'élève à Gardar. Lief, raconte M. Hayes, qui analyse les sagas, visita le Labrador, Terre-Neuve, la Nouvelle-Écosse, descendit jusqu'au cap Cod, dans le Massachusetts. Depuis cette époque jusqu'à la fin du quatorzième siècle, date de la ruine du Groënland, il y eut de constantes relations, par l'Islande, entre l'Europe et l'Amérique. On croit que Christophe Colomb visita l'Islande vers 1477 ; il put y recueillir la tradition de l'existence d'une vaste contrée située vers l'ouest.

Quoi qu'il en soit, quatre ans avant Colomb, un Dieppois du nom de Cousin fut poussé par les vents jusqu'à l'embouchure du Saint-Laurent ; à son bord se trouvait un marin nommé Pinçon ou Pinson (prononciation que rend l'orthographe espagnole *Pinzon*), qu'il chassa pour inconduite à son retour ; Pinçon passa en Espagne, où il connut Colomb, auquel il se joignit dans le voyage de 1492.

Dans la *Description des côtes de la mer océane*, manuscrit du dix-septième siècle, une autre version du même fait est donnée : le pilote français, qui avait fait le voyage d'Amérique, mourut « chez Coulon » et lui fit, avant d'expirer, part de sa découverte.

Qu'y a-t-il de vrai dans ces traditions, on ne le saura jamais, puisque les archives de Dieppe furent brûlées dans le bombardement de 1694 ; mais il est avéré que les Normands fréquentaient Terre-Neuve à une époque très ancienne : « De toute mémoire et dès plusieurs siècles, écrit Lescarbot en 1600, nos Dieppois, Malouins, Rochelois et autres mariniers du Havre de Grâce, de Honfleur et autres lieux, font les voyages ordinaires en ces païs-là pour la pêche des morües (1). »

(1) On a prétendu que Cabot trouva en usage au Labrador le mot *baccalos* ou *baccaluos* pour désigner la morue, et que ce mot était basque. Cette assertion donnerait une assez grande antiquité aux voyages des Basques en Amérique, mais le mot n'est point basque, il est espagnol, il est portugais, il est européen ; c'est l'allemand *kabeljau*, le français *bacaliau* et *cabillaud*, qui signifie

En quittant les hypothèses, si séduisantes soient-elles pour la vanité nationale, on ne trouve point de naviga-

Fig, 8. — Caravelle espagnole que montait Christophe Colomb lorsqu'il découvrit l'Amérique.

morue verte. Ce mot put être porté en Amérique par les Normands aussi bien que par les Basques, et, malgré sa déformation d'ailleurs logique, Cabot aurait pu y retrouver l'italien *baccala*, qui, à la vérité, veut dire morue sèche comme le français *bacaliau*.

teur français parcourant ces régions avant 1506, où Denis
de Honfleur entra dans le golfe du Saint-Laurent. En
1508, Aubert de Dieppe, et, en 1518, le baron de Léry
suivirent ses traces, mais sans fruit. Il faut venir, pour
avoir des renseignements sérieux, au Florentin Veraz-
zano, qui fut commissionné par le roi François Ier. Il
aborda en 1524 à la Caroline du Nord, sur la caravelle
le Dauphin, épave d'une flottille de quatre navires, fut
bien reçu par les Indiens, longea les côtes du Maryland,
de la Virginie, de Long-Island, débarqua à Newport où
il fit quelque séjour, gagna le Maine, Terre-Neuve, puis
la France, et, le 8 juillet, il adressait au roi la plus ancienne description connue de l'Amérique du Nord. Ve-
razzano promettait des merveilles; on parla de mines
de métaux précieux, de commerce, puis, au milieu des
revers, la lointaine contrée fut oubliée et l'explorateur
florentin tué au cours d'un second voyage, entrepris,
croit-on, pour le compte d'Henri VIII, roi d'Angleterre.

François Ier oubliait ses projets d'outre-mer; son fa-
vori, Brion-Chabot, devenu grand amiral de France, s'en
souvint pour lui et en confia l'exécution au Malouin Jacques Cartier. Le premier voyage du hardi navigateur
n'eut guère d'autre résultat que d'éveiller la curiosité et
le désir d'aller plus loin. Parti de Saint-Malo le 20 avril
1534, il s'était avancé jusqu'à Anticosti, sur le Saint-
Laurent, et avait dû revenir presque aussitôt, repoussé
par les terribles tempêtes de ces parages.

Néanmoins, comme l'on croyait que la vaste embou-
churé du Saint-Laurent était, non pas un fleuve, mais
un détroit qui reliait l'Océan aux mers de Chine, une
seconde expédition fut aussitôt décidée. En même temps
que cette imagination d'arriver aux Indes par cette voie

nouvelle, un autre mobile excitait les esprits, l'espoir
de gagner à la foi catholique des peuples sauvages, de
compenser ainsi les pertes infligées à l'Église par l'hé-
résie de Luther et de Calvin; c'est cette idée, jointe à un
instinctif besoin d'expansion et de nouveauté, qui inspire

Fig. 9. — Caravelle française; tirée des *Œuvres de Deveaux*, pilote du Havre.
Ms. du xvi° siècle.

la plupart des grands voyageurs du seizième siècle. Autant que des explorateurs, Cartier, Champlain, de Monts,
Poutraincourt et tant d'autres furent des missionnaires;
on a vu encore de nos jours le plus grand voyageur du
siècle, Livingstone, obéir à un esprit analogue de pro-
sélytisme, et rarement un homme qui se jette dans l'inconnu des voyages en terre vierge fut un sceptique.

Le pays où Cartier aborda pour la seconde fois dans l'été de 1535 n'avait pas encore de nom bien déterminé. Le *Speculum orbis terrarum* (1593) de Cornelius appelle Nouvelle-France toute l'Amérique du Nord, du pôle au Mexique; d'aucuns comprenaient sous le nom de Canada tout le pays situé sur les deux rives du Saint-Laurent; d'autres le bornaient à un district s'étendant au nord du Saguenay. Il est hors de doute que le mot Canada est d'origine indienne; dans le vocabulaire de la langue d'Hochelaga, qui fait suite au récit du voyage de Cartier, il est donné avec la signification de « ville ou village », et ce sens est le même dans la plupart des dialectes iroquois (1).

Cartier nomme le Saint-Laurent « la rivière d'Hochelaga » et réserve ce nom de Saint-Laurent à une baie qui s'ouvre en face de l'île d'Anticosti. C'est là qu'il avait abordé à son second voyage, après avoir côtoyé le Labrador. Ayant aperçu l'embouchure du sombre et froid Saguenay, doublé heureusement le cap Tourmente, il s'arrêta à l'île d'Orléans (qu'il appelle l'île Bacchus), y jeta l'ancre et commença d'entrer en relation avec les naturels. Le grand chef Donnacona vint le voir, et peu de jours après, remontant la rivière Saint-Charles (en ce temps Sainte-Croix), Cartier lui rendait sa visite au hameau de Stadaconé. Mais ni Stadaconé n'était une métropole, ni Donnacona un chef bien puissant, et Cartier, entendant parler d'une importante cité, située à quelques

---

(1) On a dit que le Canada devait son nom à des Espagnols, qui, l'ayant exploré sans y trouver de mines d'or, l'auraient quitté en disant : *Aca nada*, « ici rien ». Il faut se défier des étymologies faciles; d'ailleurs, à aucun moment on ne voit d'explorateurs espagnols dans cette région.

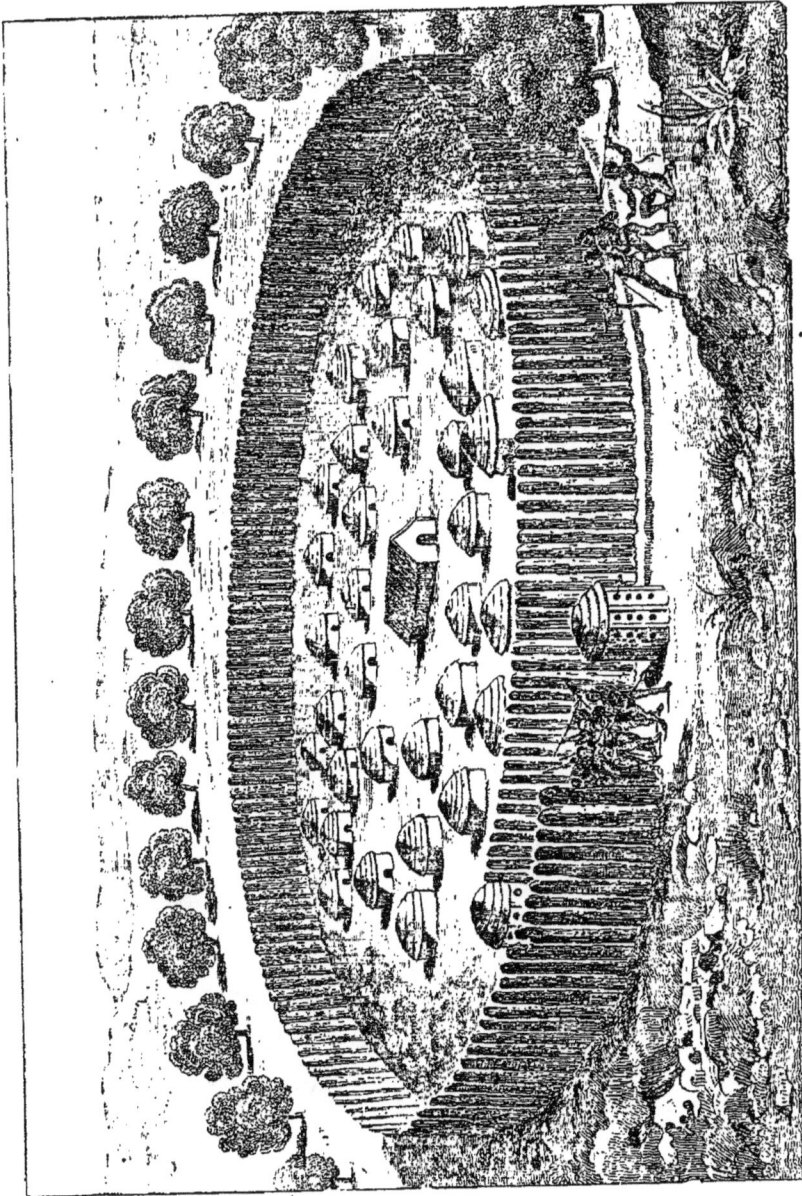

Fig. 10. — Village indien.

jours de canot et plus haut sur le fleuve, Hochelaga, résolut de s'y rendre, malgré les efforts des Indiens et de leur chef à le détourner d'un tel projet.

Les vaisseaux demeurés à l'ancre à l'embouchure du Saint-Charles, il partit sur un petit galion de 40 tonnes et deux barques, avec cinquante marins, parmi lesquels se trouvaient la Pommeraye, Pontbriand et quelques autres gentilshommes.

Au commencement d'octobre, l'expédition arrivait à Hochelaga, la ville indienne qui dressait ses cases enceintes de palissades à peu près à l'endroit où s'élève maintenant Montréal. « Un square public, dit Parkman, occupait le centre de la ville ; Cartier s'y arrêta avec ser compagnons, pendant que, de toutes les huttes d'alentour, sortait une troupe de femmes, jeunes et vieilles, criant de surprise, touchant la figure, la barbe des visiteurs inconnus, et tendant leurs marmots pour être embrassés à leur tour par ces merveilleux étrangers aux longues moustaches, au menton orné de barbe, portant l'arquebuse, le casque, la cuirasse étincelante, et à l'apparition desquels la foule ravie se demandait s'ils étaient des dieux ou des hommes. »

Après les femmes, les guerriers s'avancèrent, s'assirent en cercle autour des Français, qui semblaient venus là exprès pour amuser ces grands enfants, se donner en spectacle « comme si nous eussions voulu jouer un mystère », dit Cartier dans son récit. Puis on apporta, sur une peau de daim, le chef, qui était malade et suppliait par des gestes Cartier de toucher ses membres paralysés. Fort embarrassé, craignant de perdre son prestige, Cartier, dans la naïveté de sa foi, se résolut à réciter un passage de l'Évangile selon saint Jean, qui se dit, en effet, dans ces

occasions, puis la Passion, et l'assistance écoutait, recueillie, ou du moins en silence, ces monotones prières
auxquelles elle n'entendait rien. En attendant la guérison,
Cartier distribua des présents, prit congé et s'éloigna au
son des trompettes, ce qui étonna l'assemblée au plus
haut point.

Après être monté, avec un guide indien jusqu'au sommet de la montagne Hochelaga qu'il appela *Mont-Royal*,
d'où Montréal, Cartier se rembarqua pour regagner Stadaconé, sur les bords du Saint-Charles, où, en son absence,
ses compagnons avaient élevé un petit fort en palissades.

L'hivernage fut pénible, et au froid venait s'ajouter le
scorbut. Presque tous en furent atteints et vingt-cinq
hommes périrent coup sur coup. Le sol étant trop dur, on
enterrait les morts dans la neige. Puis on craignait les
Indiens, qui pouvaient venir en pillards priver les survi-
vants de leur peu de ressources. Mais, au contraire, ce
fut de ce côté que Cartier trouva le salut. Un Indien lui
indiqua un remède contre le scorbut, l'infusion des feuilles
d'un arbre nommé *ameda* ou *anneda;* les Français en
essayèrent et recouvrèrent bientôt quelque peu de santé
et de forces.

Dès la débâcle, on songea au retour. Donnacona et
deux autres chefs furent attirés dans une embuscade et
captivés comme spécimens des habitants du pays, puis,
la croix fleurdelisée ayant été plantée dans le sol en signe de prise de possession, on mit à la voile. Cartier
rentrait dans le port de Saint-Malo le 16 juillet 1536.

Que rapportait-il? Rien, en somme, que des renseignements assez décourageants : il ne pouvait être question
ni d'avantages commerciaux ni de profits de pêche. Cartier n'avait parcouru qu'un pays glacé huit mois par an,

peuplé de quelques sauvages : voilà ce qui se répéta à la cour et, Chabot ayant été disgracié, la Nouvelle-France allait se trouver sans aucun défenseur, lorsque se présenta Jean-François de la Roque, sieur de Roberval, gentilhomme picard.

Ce Roberval, qui avait quelque situation dans sa province, fut le premier de ces Picards qui devaient, quelques années plus tard, émigrer si nombreux en Acadie et que le poète américain Longfellow a pris pour des Normands dans son *Évangéline*. Il obtint une commission qui le faisait vice-roi et lieutenant général du Canada, Hochelaga, Saguenay, Terre-Neuve, Belle-Isle, Carpunt, Labrador, la Grand'Baie, Baccalaos, seigneur de Norembéga, nom indien du territoire situé au sud du Saint-Laurent. A cette poudre aux yeux des subsides s'ajoutaient heureusement, et cinq navires furent équipés, dont Cartier reçut le commandement. Le but de l'entreprise était surtout la conversion des Indiens, « gens ignorant Dieu et sans usage de leur raison »; mais il est également fait mention des profits positifs dont le roi devait recevoir un tiers, les chefs de l'entreprise un autre tiers, le reste étant jugé suffisant à couvrir les frais de l'entreprise.

Malgré quelques objections du gouvernement espagnol, qui prenait de l'ombrage à ces préparatifs menés à grand bruit, l'avant-garde de l'expédition mit à la voile le 23 mai 1541, sous les ordres de Cartier.

La route suivie fut la même qu'au précédent voyage; on jeta l'ancre dans cette même baie de Saint-Charles. Donnacona était mort, il fallut l'avouer aux Indiens; mais, ajouta Cartier, « ses compagnons se sont mariés en France et vivent comme de grands seigneurs. » Il n'est pas certain que ce mensonge politique ait convaincu les sauvages. Remontant le Saint-Laurent, il débarqua à l'embouchure de la rivière du cap Rouge, attiré peut-être par le quartz pailleté de jaune que les aventuriers prenaient pour de l'or, et par les cristaux de roche qu'ils s'imaginaient être de purs diamants. Ces richesses chimériques n'étaient, en tout cas, d'aucun prix immédiat, et il fallut bientôt se livrer à la pêche pour suppléer aux vivres qui manquaient ; lorsque Roberval entra dans la baie de Saint-Jean, le 8 juin suivant, grande fut sa surprise en reconnaissant l'équipage de Cartier parmi les nombreux bateaux de pêche à l'ancre.

En sa qualité de vice-roi de la Nouvelle-France Roberval ordonna à son lieutenant de rejoindre le Canada, mais celui-ci, humilié sans doute d'être le second dans un pays où il avait deux fois commandé en maître, se déroba et revint directement en France. Cartier se retira dans son domaine de Limoilou, près de Saint-Malo, et c'est là qu'il termina ses jours.

Roberval, poursuivant sa route, se dirigea vers les passes de l'île des Démons, et ici se place un curieux incident dont nous empruntons le récit à l'auteur des *Pionniers français;* lui-même nous en donne pour garant un manuscrit inédit de 1586 et la *Cosmographie* de Thevet (1575). « La compagnie du vice-roi se composait d'éléments très divers : nobles, officiers, marins, aventuriers, et même femmes et enfants, parmi lesquels se trouvait une nièce de Roberval, du nom de Marguerite. Sur le même vaisseau s'était embarqué, pour l'amour d'elle, un jeune gentilhomme. Sa passion était si ouvertement partagée que Roberval, exaspéré du scandale que causaient, à son sens, les deux jeunes gens, fit jeter l'ancre près de l'île hantée, et y débarqua la coupable avec sa nourrice normande, leur laissant des arquebuses et des munitions pour se défendre. Le jeune homme se jeta à la mer pour rejoindre sa fiancée, avec un surcroît de provisions; le vaisseau remit à la voile et disparut. Les malheureux abandonnés n'eurent plus à compter que sur eux et sur la miséricorde de Dieu qu'ils imploraient, repentants de leurs fautes. Les Démons, maîtres de l'île, les assiégeaient jour et nuit, cherchant à forcer la frêle cabane qu'ils s'étaient construite; mais la sainte Vierge et les saints les couvraient de leur protection, et opposaient une invincible barrière aux monstres hideux, hurlant de fureur à la porte de la demeure rustique. La pauvre Marguerite devint mère; le jeune homme mourut bientôt de chagrin, l'enfant et la vieille nourrice le suivirent, et l'infortunée resta seule. Son courage et sa raison ne faillirent point; elle tirait des coups de fusil sur les Démons et tua trois ours blancs.

« Deux ans et demi s'étaient écoulés lorsqu'un équipage de pêcheurs, passant dans ces parages, aperçut une colonne de fumée s'élevant de l'île maudite. Ils hésitaient à s'en approcher, lorsqu'ils reconnurent sur le rivage une forme féminine, faisant des signaux de détresse. C'est ainsi que Marguerite fut recueillie et rendue à son pays natal, où, quelques années après, le cosmographe Thevet la vit, à Nontron dans le Périgord, et y entendit ce récit extraordinaire de sa propre bouche. » Il faut qu'il y ait quelque vérité dans cette légende, car Jean Alphonse, le pilote de Roberval, appelle cette île, dans son *Routier*, l'île de la Demoiselle.

Cependant, Roberval avait continué sa route et alla jeter l'ancre à la hauteur du cap Rouge. Il y fit élever un fort, tout autour duquel se groupèrent les émigrants, mais la même imprévoyance se manifestait que dans les précédentes entreprises. Les magasins construits, on n'eut pas de provisions à y mettre à l'abri ; il y avait un moulin et pas de blé, un four et pas de farine. Il fallut acheter fort cher de maigres vivres aux Indiens, qui n'en avaient guère ; l'hiver, qui fut misérable, enleva plus d'un tiers de la petite colonie ; le reste ne fut sauvé que grâce à la sévérité de Roberval, à la discipline impitoyable qu'il sut maintenir parmi les émigrants aussi bien que parmi les soldats ; des femmes mêmes furent fusillées et le même jour vit pendre six soldats pour une peccadille.

Comment se termina l'expédition ? Des documents précis manquent pour résoudre cette question, mais il est certain qu'elle eut le sort des précédentes, c'est-à-dire un résultat totalement négatif. Quant à Roberval, il ne devait pas revoir sa vice-royauté. A son retour en France, il fut tué de nuit, à Paris, près du Charnier des Innocents.

« Avec lui, conclut notre historien, s'achève le prélude du drame de la Nouvelle-France. Les guerres religieuses qui allaient désoler l'Europe devaient avoir leur sanglant contre-coup pour les infortunés colons de la Floride ; mais pendant près d'un demi-siècle le futur Canada restera encore désert. Enfin l'esprit d'entreprise, de découverte, le génie commercial s'éveillera, et les efforts catholiques, les secondant puissamment, ouvriront la nouvelle période que nous allons aborder. »

CHAPITRE III.

Au commencement du mois de juin 1603, un navire français, chargé d'hommes et d'approvisionnements, parti de Honfleur le 13 avril précédent, arrivait en vue de Tadoussac ; son commandant, qui ne voyait point ces parages pour la première fois, se nommait Samuel de Champlain.

Même en un siècle d'aventures et d'aventuriers, peu de vies avaient déjà été aussi accidentées que celle de Champlain.

Né en 1567, à Brouage, petit fort voisin de Rochefort, capitaine de la marine royale, estimé du roi Henri IV qui lui faisait une pension particulière, il n'avait pu supporter l'inactivité de la paix. De là lui vint le désir de visiter les Indes orientales et, comme les Français n'avaient que de rares relations avec le Nouveau Monde, il passa en Espagne. Un de ses oncles, devenu pilote général de la marine espagnole, lui obtint le commandement d'un des vaisseaux prêts à partir pour les Indes sous le commandement de don Francisco Colombo. Il passa deux ans aux Indes, fit le voyage par terre de la Vera-Cruz à Mexico et à Panama, et conçut le projet d'un canal séparant les deux continents. « L'on accourcirait ainsi, dit-il lui-même dans son journal, le voyage aux mers du Sud de plus de 1,500 lieues, et depuis Panama jusqu'au détroit de Magellan ce serait une île, et de Panama aux Terres-Neuves, une autre île. »

Revenu en France, Champlain se mit bientôt en quête d'une aventure nouvelle et s'engagea à la suite de Chastes, l'ami d'Henri IV, qui venait de reprendre les projets de Roberval. Chastes obtint aisément des lettres patentes, et pour faire taire la jalousie des marchands malouins et dieppois, qui faisaient en Nouvelle-France un grand commerce de fourrures et de bois de charpente, il les associa à son entreprise. Dans une précédente expédition, le marquis de La Roche avait souffert de ces rivalités d'intérêt que Chastes voulait éviter; aussi ce dernier choisit-il, pour organiser le convoi, M. de Pontgravé, de Saint-Malo, qui connaissait le pays et avait tenté d'y accaparer le commerce des fourrures, associé avec le capitaine Chauvin, de la marine royale. Champlain reçut le commandement de l'expédition (1603).

Ce premier voyage au Canada du grand explorateur se termina assez brusquement devant les rapides de Saint-Louis, qu'il essaya en vain de remonter. A son retour, Chastes était mort, mais Pierre du Guast, sieur de Monts, venait de se substituer à lui et d'obtenir le droit de coloniser l'Acadie (1).

---

(1) Ce mot, d'origine indienne, vient du mot *aquoddie*, sorte de morue, qui a donné l'anglais *cod;* le nom de la baie de Passamo-quoddy contient le même mot.

Le nom de Champlain est étroitement associé au souvenir de cette première tentative de colonisation acadienne, mais ce ne fut qu'une tentative, la plus heureuse cependant qu'avait encore vue la Nouvelle-France. Pendant que de Monts et Poutraincourt voyageaient entre la baie Sainte-Croix et la France, Lescarbot, le narrateur de l'expédition, gardait le fort et Champlain explorait le pays. Sainte-Croix fut d'abord abandonné, puis le nouvel établissement de Port-Royal, où Lescarbot avait commencé des essais de culture : les ressources manquaient. Champlain rentra en France en octobre 1607 : ce fut donc moins d'un an plus tard qu'il reprenait pour la troisième fois le chemin de la Nouvelle-France, se dirigeant cette fois vers le Saint-Laurent, région dont il devait être le véritable pionnier.

Champlain, homme simple, d'une culture presque nulle, esprit tout primesautier, crédule, d'une foi naïve, est de la race des grands explorateurs, plus pareil à un Livingstone qu'à un Fernand Cortès, doué pourtant d'une certaine perspicacité politique, capable de se servir des Indiens, d'utiliser leurs querelles de race, au lieu de les combattre tous aveuglément, comme firent les Anglais.

Dans cette expédition dirigée par de Monts, Champlain et Pontgravé s'étaient partagé la tâche. Il s'agissait principalement de faire du commerce, et Pontgravé était parti en avant avec les objets d'échange, au moyen desquels on acquérait les provisions de fourrures faites durant l'hiver par les Indiens. Champlain, chargé de surveiller l'établissement des postes, d'entreprendre les explorations, s'embarqua huit jours plus tard. Lorsqu'il arriva en vue de Tadoussac, Pontgravé était aux prises avec des pêcheurs basques, qui refusaient de reconnaître la valeur des lettres patentes royales établissant le privilège de de Monts au commerce exclusif dans ces parages, et qui résistaient par la force à toutes les tentatives de confiscation. Les Basques étaient en nombre, bien armés : Champlain donna une première preuve de son jugement en déconseillant d'employer la force; on fit la paix, on convint d'en référer aux tribunaux français, et les Basques purent continuer la pêche de la baleine. « Longtemps, dit M. Parkman, le port de Tadoussac fut le centre du commerce canadien; la civilisation n'a rien diminué du sauvage aspect des montagnes arides qui entourent la baie : à travers des fissures granitiques, desquelles s'échappent les sombres eaux du Saguenay baignant les racines des bouleaux et des sapins, le lac aux ondes immobiles reflète leurs ombres et grandit, dans son miroir ardoisé, les précipices, les rocs et la forêt que virent Champlain et ses compagnons. »

Au-dessus de la baie, d'après le plan du port de Tadoussac dressé par Champlain (1613), on trouvait un campement de ces Algonquins que les Français n'appelaient autrement que *Montagnais*. Ces Indiens, qui vivaient de la chasse, vendaient aux Français des peaux d'ours, de lynx, de renard, de castor, de loutre et de martre, et servaient aussi d'intermédiaires obligés entre les trafiquants et les peuplades de l'intérieur; le commerce du pays est encore le même aujourd'hui.

Pontgravé, en paix du côté des Basques, commença ses opérations de trafic, pendant que Champlain, selon le plan de l'expédition, allait entamer l'exploration du pays, à peine effleurée par les voyageurs précédents.

On ne pouvait s'établir dans la désolation de Tadoussac; ce fut plus au sud, au lieu où s'étend maintenant

Québec, que Champlain fit élever les premières constructions en bois, sur l'emplacement actuel de la place du marché de la ville basse. Champlain, d'une main inexpérimentée, mais sévèrement fidèle, nous a conservé la vue du Québec primitif, et nous pouvons nous le représenter,

Fig. 11. — Castors au travail.

ceint d'une muraille de bois et d'un fossé, composé de trois corps de logis et d'un pigeonnier, défendu par quelques canons balayant la rivière. Les terrains environnants avaient été convertis en jardin. C'est là que, Pontgravé ayant mis à la voile pour rentrer en France, Champlain se prépara à prendre ses quartiers d'hiver.

Le froid se fit sentir, très aigu, dès le mois de novembre, et les Français eurent bientôt à souffrir et à voir souffrir autour d'eux. Les Algonquins, pour qui l'hiver était un temps périodique de famine, ne manquèrent pas, mus par l'instinct qui pousse le faible vers le fort, de venir implorer la pitié des étrangers. Un jour, Champlain aperçut, sur l'autre rive du Saint-Laurent, « une bande d'êtres décharnés, semblables à des animaux en quête, pourchassés par la faim. La rivière, couverte de glaçons flottants, ne pouvait être traversée qu'au risque de la vie. Pourtant, les Indiens, désespérés, hasardèrent la tentative; mais, au milieu du fleuve, les masses flottantes broyèrent leurs frêles embarcations. Agiles comme des chats sauvages, ils sautèrent tous sur un banc de glace, les *squaws* portant les enfants sur leurs épaules; fait d'adresse qui surprit Champlain, d'autant plus qu'il voyait leur état de dénuement et d'exténuation. Heureusement pour eux, d'autres glaçons vinrent se souder au bloc principal qui les portait et les poussa vers la rive du nord, où, débarquant, ils atteignirent le fort et montrèrent l'horrible état de squelette auquel ils étaient réduits. Les Français leur donnèrent des aliments, qu'ils dévorèrent avec frénésie, puis, inassouvis, ces malheureux tombèrent sur un chien mort, laissé dans la neige deux mois auparavant pour servir d'appât aux renards; ils dépecèrent cette charogne, malgré les efforts qu'on fit pour la leur arracher. »

Ces navrants épisodes se renouvelaient assez fréquemment, et du moins Champlain y trouvait l'occasion de s'attacher les Indiens, de se faire parmi ces malheureux un renom d'homme providentiel. Les heures de solitude étaient longues, pénibles; à peine si, pour toute distrac-

tion, on avait la ressource de tendre des pièges aux
renards et aux martres. Vers la fin de l'hivernage, la
santé de la petite troupe, qui s'était maintenue, tout à
coup se gâta, et à un tel point, que des vingt-huit
hommes laissés par Pontgravé, huit seulement survécu-
rent au scorbut.

Enfin, l'aube du printemps apparut, et dans le même
temps que l'herbe nouvelle remplaçait la neige, une
voile surgissait derrière la pointe d'Orléans. Pontgravé,
arrivé à Tadoussac, envoyait son gendre Marais secourir
Champlain. On convint que Pontgravé garderait Québec,
pendant que Champlain allait tenter de pénétrer, à la
suite des Indiens, dans l'intérieur du pays.

Un chef algonquin des bords de l'Ottawa était venu
demander à Champlain son alliance contre les ennemis
séculaires des Algonquins et des Hurons; les Iroquois.
Champlain accepta. On ne comprend pas bien tout d'abord
dans quel but il se joignait ainsi aux misérables adversaires des Cinq Nations; n'était-il pas désavantageux
pour les Français de s'aliéner la puissante confédération
qui tenait en échec toutes les autres tribus de cette région de l'Amérique? Peut-être voulait-il user les plus
forts à l'aide des plus faibles? Toutefois, le plan de
Champlain n'apparaît pas d'une façon très claire, et
jusqu'à la fin la domination française eut à se défendre
contre les Iroquois.

Le jour fixé pour le départ étant arrivé, Champlain,
sans attendre ses alliés de l'Ottawa, accompagné seulement
de quelques guides montagnais, se mit en route; il les
rencontra, d'ailleurs, à une petite distance de Québec.
Hurons et Algonquins, presque aucun d'eux n'avait encore vu un blanc, et l'étonnement que leur causa l'aspect

de ces hommes tout habillés de fer fut tel qu'ils sem-
blèrent pour un instant frappés de mutisme. La fami-
liarité, néanmoins, succéda bientôt à cet excès d'admiration, car l'Indien, tout comme un enfant, est timide
et hardi à la fois. Après les cérémonies de l'hospitalité,
discours, calumets, festins, danses guerrières, on se mit
en route. Les Français étaient au nombre de onze,
parmi lesquels Marais et le pilote La Routte; on remontait le fleuve sur une chaloupe, qui paraissait un navire
d'importance au milieu des frêles et légers canots d'é-
corce des Indiens.

Entre Québec et Montréal, on s'engagea dans la rivière
des Iroquois, depuis baptisée de plusieurs noms européens, puis on fit halte pour un campement de deux jours
sur l'emplacement actuel de la ville de Sorel. La plupart des alliés ne devaient pas aller plus loin; à la suite
d'une querelle, plus de la moitié d'entre eux abandonna
Champlain. Ce fut donc avec un assez faible contingent
que les Français poursuivirent leur exploration. Bientôt
les rapides, se multipliant de plus en plus, entravèrent
la navigation de la chaloupe; les Indiens lui avaient cependant affirmé qu'elle passerait sans obstacle. A son
grand désappointement, il dut la renvoyer à Québec,
avec tout l'équipage, sous la conduite de Marais. Deux
hommes s'étant offerts à l'accompagner au milieu des
périls inconnus qu'il allait affronter, il les garda, et
tous trois prirent place dans les canots. Quand il y
avait des rapides infranchissables même pour les indigènes, ceux-ci chargeaient leurs barques sur leurs
épaules et, à la file indienne, on s'engageait sous bois;
il y avait vingt-quatre canots et soixante guerriers, qui
marchaient en trois groupes, l'avant-garde, le corps

principal, un corps volant qui pourvoyait par la chasse
à la subsistance de la petite armée. Le soir, ils s'arrêtaient, se construisaient des abris d'écorce entourés d'une

Fig. 12. — Indiens chargeant sur leurs épaules les canots en écorce de bouleau.

palissade et, après une courte reconnaissance, s'endor-
maient sans placer de sentinelles.

Bientôt on entra dans ce grand lac qui devait prendre
et garder le nom de *Champlain;* la flottille le traversa

7

dans sa longueur et s'engagea dans le lac Georges jusqu'à Ticonderoga. De là, on devait prendre à dos les canots et gagner la rivière d'Hudson, mais les Iroquois venant au-devant de leurs ennemis, l'expédition ne dépassa pas Crown-Point. Un soir, quelque temps après le coucher du soleil, Champlain aperçut une flottille qui venait en sens inverse : c'étaient les Iroquois sur leur canots d'écorce d'orme. Ils débarquèrent et se fortifièrent, tandis que les alliés passaient la nuit sur le lac. Ceux-ci prirent terre le lendemain matin, sans opposition de la part de l'ennemi, vers lequel ils s'avancèrent à grands cris, dissimulant les Français dans leurs rangs. Aux premiers coups d'arquebuse, un des chefs iroquois tomba mort, un autre tomba blessé dans la broussaille; « alors éclatèrent des hurlements qui eussent assourdi le roulement de la foudre, dit Champlain, et le bois se remplit du sifflement des flèches. Pendant un instant, les Iroquois soutinrent bravement le feu en décochant leurs flèches, mais lorsque les coups d'arquebuse se succédèrent sur les flancs, ils se débandèrent, en proie à une insurmontable terreur. »

Les Iroquois avaient laissé quelques prisonniers; ce fut l'occupation de la nuit suivante que de les torturer, de les scalper, de les larder de pointes rougies au feu. Cependant Champlain eut assez d'influence pour qu'on lui permît d'abréger les souffrances des victimes d'une balle qu'il leur envoya dans la tête. Les alliés revinrent avec Champlain jusqu'à la rivière des Iroquois, puis l'abandonnèrent à la garde des Montagnais, avec lesquels il regagna Québec, étant descendu dans l'intérieur du continent plus loin qu'aucun autre Européen.

Après cette expédition, où les Français, versant pour

la première fois le sang indien, venaient d'amasser contre
eux une terrible haine, Champlain retourna en France,
avec Pontgravé, laissant Québec au commandement de
Pierre Chauvin (octobre 1609).

Fig. 13. — Lac Georges.

De Monts, désespérant d'obtenir le renouvellement de
son privilège, n'en résolut pas moins de continuer l'entreprise à ses risques et périls. Henri IV, pourtant,
avait été amusé par les récits de Champlain; mais autour du roi, il y avait des intrigues, il y avait les plaintes

des trafiquants normands et bretons, qui n'avaient pas été associés à la Compagnie formée par de Monts. Vouloir coloniser le Canada sans quelques privilèges de nature à couvrir les frais des expéditions, c'était tenter une hardie aventure. Champlain, qui n'avait pas à se préoccuper des ces questions, ne s'en prépara pas moins, sitôt de retour en Nouvelle-France (1610), à reprendre le cours de ses explorations.

Malheureusement, cette nouvelle campagne fut peu féconde, toute absorbée par une inutile expédition contre les Iroquois. Les alliés, Montagnais, Algonquins et Hurons, furent encore une fois vainqueurs de leurs ennemis, grâce aux Français, mais Champlain n'eut pas le loisir de profiter de la victoire. Il aurait pu, après cet immense service rendu aux alliés d'avoir découragé l'insolence de leurs mortels ennemis, exiger une escorte qui le fît pénétrer plus avant dans l'intérieur du continent. Au contraire, effrayé par la nouvelle de l'assassinat du roi que lui apportait un navire venant de Brouage, il remit à la voile et rentra en France, laissant les trafiquants libres de se livrer à un commerce désormais licite, puisque le privilège de la Compagnie n'avait pas été renouvelé.

A son troisième retour à Tadoussac, le 13 mai 1611, Champlain essaya d'utiliser au profit de de Monts ses relations avec les Indiens, qui avaient en lui la plus absolue confiance, et il se rendit à Montréal, l'un des grands centres du commerce d'échange indigène. L'endroit où il établit son poste, qu'il nomma Place Royale, est aujourd'hui occupé, dans la ville de Montréal, par l'hôpital des Sœurs-Grises ; il le protégea, du côté de la rivière par un rempart en briques cuites sur place, destiné encore à me-

Fig. 14. — Le poteau de la torture.

surer la force de pression de la débâcle du printemps.

Les Indiens arrivèrent, chargés de fourrures, et tout d'abord les Hurons. Mais effrayés par une fusillade dont on les salua, choqués des manières avides de la bande d'aventuriers qui suivait la petite armée française, ils ne tardèrent pas à s'enfuir et à mettre les rapides du lac Saint-Louis entre eux et les trafiquants. Champlain, pour aller les voir, descendit les rapides à la mode indienne, à genoux dans un canot d'écorce, non sans une certaine appréhension, confesse-t-il. A la suite de cette excursion, l'on voit l'explorateur, un peu découragé, se rembarquer pour la France.

Là, de Monts lui confia en mains tous ses intérêts, et Champlain, devant cette responsabilité, se mit en quête d'un puissant protecteur. Il le trouva d'abord dans le comte de Soissons, puis, celui-ci mort, dans Henri de Bourbon, premier prince du sang, et le père du grand Condé. C'était, par le fait, la protection royale, en même temps que la liberté, car le prince ne s'enquit jamais de la Nouvelle-France si ce n'est pour toucher les gratifications que lui attribuait la nouvelle Compagnie, où s'étaient coalisés presque tous les gros trafiquants de Normandie et de Bretagne. Seuls, les huguenots de la Rochelle avaient refusé d'entrer dans une association dont un des buts était la conversion des sauvages au catholicisme.

CHAPITRE IV.

L'imposteur Vignan. — Départ de Champlain et de Vignan. — Les Nipissings. —
Le chef Tessouat. — Confusion de Vignan. — Les premiers missionnaires. —
le P. le Caron, récollet, chez les Hurons. — Les lacs des Allumettes. — La
messe en pays huron. — Chez les Iroquois Sénécas. — Défaite des Hurons. —
Champlain blessé. — Champlain arbitre entre les Hurons et les Algonquins. —
Retour à Québec.

Au cours de l'année 1612, un aventurier du nom de
Nicolas Vignan, qui avait passé un an chez les Algonquins de l'Ottawa, faisait un certain bruit à Paris. Il
racontait merveilles de son voyage, car, comme le dit
Champlain, c'était « le plus impudent menteur qu'on
eût pu voir jusqu'à ce jour ». A l'entendre, il avait trouvé,
aux sources de l'Ottawa, une grande rivière qu'il avait
remontée jusqu'à un océan encore inconnu. C'était cette
chimérique traversée de l'Amérique du Nord qui tenait
tant à cœur à Champlain. Le récit de Vignan était vrai-
semblable et, sitôt de retour au Canada, l'explorateur se
mit en campagne, accompagné de Vignan lui-même, dont
la présence eût suffi à détourner les soupçons.

Arrivé chez les Ottawas, Champlain leur demanda des
guides et des canots pour remonter plus loin, afin de
gagner cette région dont parlait Vignan. Plus loin, c'é-
tait la tribu des Nipissings. Les guerriers tinrent conseil.

8

Sans être ennemis de cette nation qui vivait au nord du lac du même nom, les Ottawas ressentaient du moins à son égard une assez vive jalousie, et ne se souciaient pas de voir les Français entrer en relation avec elle. Le chef Tessouat essaya de dissuader Champlain, de lui faire peur : « Les canots, lui dit-il, vous les aurez, si vous insistez, mais nous nous affligeons en pensant aux difficultés que vous allez rencontrer. Les Nipissings sont de lâches cœurs, de mauvais guerriers, qui nous empoisonnent avec leurs sorcelleries (1). C'est pourquoi nous sommes en mauvais termes avec eux; ils vous tueront aussi. » Les Indiens objectaient encore le danger des rapides, qu'il était difficile de franchir en canot. Champlain montra Vignan : « Ce jeune homme, répliqua-t-il, a fait le voyage dont il est question, et il n'a trouvé aucun des obstacles dont vous parlez. — Nicolas, reprit Tessouat, as-tu bien osé dire que tu es allé chez les Nipissings? » L'imposteur resta muet quelques instants, puis il répondit : « Oui, j'ai été chez eux. »

Là-dessus, un cri général sortit de l'assemblée, et leurs petits yeux, enfoncés dans l'orbite, se tournèrent vers lui, étincelants, nous dit Champlain, comme s'ils eussent voulu le déchirer et le manger. « Tu es un grand menteur, repartit le chef Tessouat; tu sais parfaitement que tu as dormi chaque nuit avec mes enfants et que tu t'es levé chaque matin avec eux; si donc tu as jamais été voir ces peuples, il faut que cela ait été pendant ton sommeil! Comment es-tu assez impudent pour mentir ainsi à ton chef et assez méchant pour lui faire

(1) Les Nipissings avaient, en effet, d'après Lallemant, le plus mauvais renom comme magiciens.

risquer sa vie parmi tant de dangers? Il devrait te tuer
et te faire souffrir autant de tourments que nous en fai-
sons endurer à nos ennemis. »

Champlain l'engagea à répondre, mais il demeurait
immobile et silencieux : alors il l'emmena hors de la
hutte, le conjurant de lui dire en vérité s'il avait vu cette
mer du nord. Vignan le lui affirma avec serment, et
Champlain rentra au conseil, répétant que Vignan avait
vu la mer. Pour le coup, les exclamations s'élevèrent
plus véhémentes encore : « Tu mens! quel chemin as-tu
donc suivi? par quels lacs es-tu passé? qui t'y a conduit? »

Champlain déroula une carte de ses voyages imagi-
naires, dressée par Vignan, mais ce dernier, qui com-
mençait à perdre contenance, ne trouva aucune explication à donner. Champlain, fort perplexe, le somma de
dire la vérité, ajoutant : « Si vous m'avez trompé, avouez-
le, et tout vous sera pardonné; mais si vous persistez, la
vérité sera bientôt connue, et alors je vous ferai pendre. »

Vignan se jeta aux pieds de son chef, avoua tout, demanda pardon et grâce. Champlain, comme il l'avait
promis, fut maître de lui : il se borna à chasser loin de
lui l'imposteur, moins pour le punir que pour le sous-
traire à la colère des Indiens, qui voulaient le mettre à
mort.

L'inutilité de la campagne qui venait d'échouer con-
trariait vivement Champlain, et ce fut la tête basse que
l'expédition redescendit vers Montréal. On n'a jamais
bien su dans quel but Vignan avait échafaudé ses men-
songes : il échappa au châtiment, et l'on n'entendit plus
parler de lui.

Deux ans après cette aventure, en 1615, les mission-

naires firent leur apparition au Canada en la personne
des PP. Denis Jamet, Jean Dolbeau, Joseph le Caron et
Pacifique Duplessis, religieux récollets, appelés aussi
« franciscains de la stricte observance ». Leur costume,
non moins que les cérémonies religieuses qu'ils accom-
plirent sitôt leur arrivée, étonnèrent fort les Indiens. Ce
fut le P. Dolbeau qui célébra la première messe dite au
Canada; les canons du fort et des navires à l'ancre re-
tentirent à cette occasion. Les quatre missionnaires se
partagèrent la besogne : Dolbeau reçut les Montagnais
en partage, le Caron, les Hurons; provisoirement, Jamet
et Duplessis devaient rester à Québec.

Pendant que Dolbeau faisait, chez les Algonquins au
nord de Tadoussac et du Saguenay, une campagne pénible et hardie, qui le mettait en relation avec des bandes
d'Esquimaux, le Caron entreprenait un voyage d'un
intérêt plus immédiat. Il alla passer quelque temps à
Montréal, étudiant leurs mœurs et leur langue, à l'é-
poque du grand marché annuel, puis résolut de suivre
une tribu de Hurons et de vivre pendant un hiver sous
leurs huttes.

Champlain était venu le rejoindre à Montréal. A peine
son arrivée avait-elle été connue des Indiens qu'il était
entouré, fêté, mais dans un but intéressé. Les alliés se
souvenaient du précieux concours que les Français leur
avaient donné en deux occasions différentes, et ils se
flattaient de l'obtenir encore : Champlain céda, en effet,
à leurs instances, et promit de se joindre à une grande
expédition contre les Iroquois. Il redescendit à Québec
faire ses préparatifs; mais à son retour les Indiens, sans
l'attendre, avaient décampé : le Caron les accompagnait.

Habitué à ces fugues bizarres d'une race si impres-
sionnable, que le mauvais rêve d'un seul d'entre eux suffisait à les frapper de panique, Champlain, avec dix Indiens montagnais, l'interprète Étienne Brûlé et un autre
Français, s'engagea sur les traces des fugitifs. Son voyage

Fig. 15. — Indiens en embuscade.

fut pénible, si l'on en croit le récit de le Caron, qui suivait
la même route, à quelques journées d'avance : « Il serait
difficile, lit-on dans une de ses lettres, de vous rendre
compte combien j'étais las de ramer ainsi tout le jour
et de toutes mes forces parmi les Indiens, traversant les
rivières maintes fois à gué, au milieu de la vase et sur
des roches me coupant les pieds ; portant le canot et les

bagages à travers les bois, afin d'éviter les rapides et
des cataractes effrayantes, à demi mort de faim durant
ce temps, car nous n'avions rien autre chose à manger
qu'un peu de *saganiete*, mélange de farine de maïs et
d'eau, dont on nous donnait une faible part matin et soir.
Mais je n'ai pas besoin de vous dire que je ressentis
néanmoins de grandes consolations, car, hélas ! quand
on voit un si grand nombre d'infidèles, et qu'il ne tient
qu'à une goutte d'eau pour les rendre enfants de Dieu, on
ressent je ne sais quelle ardeur de travailler à leur conversion et d'y sacrifier son repos et sa vie. »

Le Caron et Champlain traversèrent les deux lacs des
Allumettes, franchirent, sur l'Ottawa, les rapides des
Joachims, du Caribou, du Capitaine, arrivèrent au lac
Nipissing, où les canots purent être remis à flot. Champlain passa deux jours parmi ces Indiens, dont Tessouat,
le chef ottawa, lui avait fait un portrait si peu rassurant,
et il fut au contraire fort bien reçu : ce ne furent que fêtes
et repas, où on le régala de poisson, d'ours et de daim.
Il se remit en route, entra dans la rivière Française, et
bientôt après il approchait du grand lac que les Indiens
appelaient « la mer des eaux douces des Hurons ».

C'était un pays fort différent des contrées incultes qu'il
avait parcourues jusqu'alors : il était soigneusement
cultivé par places, montrait, au milieu des forêts, des
étendues de maïs, de citrouilles, de ces soleils ou tour-
nesols dont les Indiens exprimaient l'huile pour l'entretien de leur chevelure. Dans tous les villages qu'ils traversaient, les Français étaient reçus comme des amis ou
des dieux : sans manifester aucun étonnement trop vif
qui ne convient pas à la gravité indienne, les Hurons les
accueillaient « fort amiablement », selon le mot même

de Champlain. A Carhagouha, il retrouva le Caron, tous deux, mais principalement le missionnaire, assez surpris de se rencontrer en pareil lieu, à plus d'un mois de marche de Québec. L'arrivée de Champlain détermina

Fig. 16. — Cérémonies avant le départ pour la guerre.

le courageux missionnaire à réaliser un de ses plus vifs désirs, et le 12 août, en présence des Français, des catéchumènes et de la foule des Indiens, il célébra pour la première fois la messe en pays huron.

Au lieu de se reposer, et d'ailleurs craignant plutôt

l'ennui que la fatigue, Champlain se mit à explorer les environs de la ville indienne. Le 17 août, après avoir visité cinq villages, qui lui parurent des plus prospères, il arriva à Cahiagué, la capitale huronne, à trois lieues de la rivière Severn, dans le comté moderne d'Orillia. La ville, où leur présence causa une joie mêlée de beaucoup d'étonnement, se composait d'environ deux cents huttes. Mais la plupart étaient inhabitées d'ordinaire, Cahiagué étant surtout un lieu de concentration, l'endroit où se réunissaient les guerriers de la nation avant de partir en campagne.

Les Hurons étaient en fête ; la nouvelle venait de leur parvenir que les Ériés fourniraient cinq cents guerriers qui se joindraient aux alliés contre l'ennemi commun. On se mit en marche en suivant le lac Simcoé, où Étienne Brûlé quitta le gros des troupes pour se porter au-devant des Ériés, entreprise assez téméraire, car il allait avoir à côtoyer le territoire iroquois.

Du Simcoé, on passa dans la rivière de la Trent, qui mena la flottille indienne au lac Ontario ; elle le traversa et les guerriers débarquèrent à Hungry-Bay. De là, quatre jours de marche les menèrent en vue de la ville des Sénécas, sur le lac de Canandaigua. Il s'agissait d'en faire le siège, et cela ne laissait pas d'être une entreprise difficile, même pour les Européens, car la ville était entourée de hautes palissades et de plus protégée d'un côté par le lac, de l'autre par une rivière qui l'isolait presque entièrement de la terre ferme.

« Nous arrivâmes devant le fort, raconte Champlain, et les sauvages firent quelques escarmouches les uns contre les autres, encore que notre dessein ne fût pas de nous découvrir avant le lendemain. Mais l'impatience

de nos sauvages ne le put permettre. Voyant cela, je
m'approchai avec le peu d'hommes que j'avais : néan-

Fig. 17. — Bataille contre une tribu d'Indiens. (Tiré des *Voyages du sieur
Champlain*, capitaine ordinaire en la marine; Paris, 1613.)

moins, nous leur montrâmes ce qu'ils n'avaient jamais
vu, ni ouï. Car aussitôt qu'ils entendirent les coups

d'arquebuse et les balles siffler à leurs oreilles, ils se
retirèrent promptement dans le fort, emportant leurs
morts et leurs blessés. De notre côté, nous nous éloi-
gnâmes, mais bien contre mon avis, car ne pas profiter
immédiatement de ce succès, c'était compromettre le
résultat. »

Malgré l'indiscipline des Indiens, Champlain mit à leur
service toute son industrie. Ce fut d'abord la construction d'une machine de guerre, plate-forme montée sur
quatre pieux, du haut de laquelle les arquebusiers devaient pouvoir plonger dans l'intérieur du fort, par-dessus
les hautes palissades. On y réussit en moins de quatre
heures, dit Champlain, bien que la clôture qu'il fallait
dépasser eût plus de trente pieds de haut. Champlain
appelle cet ouvrage un *cavalier;* mais il semble que
ce mot soit appliqué, en termes de fortification, à une
levée de terre sur laquelle on établirait un canon. « Nous
approchâmes, continue-t-il, pour attaquer le village, faisant porter notre cavalier par deux cents hommes des
plus forts; j'y fis monter trois arquebusiers, bien à couvert, par des rebords en bois, des flèches et pierres qui
leur· pourraient être tirées et jetées. Néanmoins, l'ennemi ne laissa de lancer un grand nombre de flèches
et quantité de pierres qu'ils jetaient par-dessus leurs
palissades, mais enfin la multitude infinie des coups
d'arquebuse les contraignirent de déloger et d'abandonner leurs galeries. »

Mais il était impossible d'obtenir des Indiens la moindre
obéissance, de leurs chefs l'exécution d'un plan suivi.
C'était une horde indisciplinée qui se précipitait contre les
palissades, essayait d'y mettre le feu, tirait en l'air des
flèches qui retombaient à l'intérieur, au hasard. Fina-

lement, après trois heures de combat, les alliés se retirèrent, sous prétexte d'attendre les cinq cents Ériés
pour reprendre l'assaut. Champlain avait été blessé de
deux coups de flèche, l'un à la jambe, l'autre au ge-

Fig. 18. — Flèches incendiaires.

nou, et quand les Indiens, découragés, se décidèrent à
la retraite, il se trouva incapable de marcher.

Alors, rapporte-t-il, ils se mirent à « faire certains pa-
niers pour porter les blessés, qui sont mis là-dedans,
entassés en un monceau, pliés et garrottés de telle façon

qu'il est impossible de se mouvoir, de même qu'un petit enfant au maillot. Et ce n'est pas sans occasionner aux blessés d'extrêmes douleurs. Je le puis bien dire avec vérité, quant à moi, ayant été porté quelques jours, durant lesquels jamais je ne m'étais vu en telle torture. La douleur que j'endurais à cause de la blessure de mon genou n'était rien au prix de celle que je supportais, lié sur le dos d'un de nos sauvages. Cela me fit perdre patience, et, sitôt que j'en eus la force, je sortis de cette prison, ou de cet enfer. »

Les Hurons s'étaient engagés à reconduire les Français jusqu'à Québec, mais, lorsqu'il s'agit de tenir leur promesse, ils s'y refusèrent. « L'homme à la poitrine d'airain » avait perdu de son prestige ; s'il n'avait pas été vaincu, il avait manqué à vaincre. Champlain se résigna à passer l'hiver chez les Hurons, dans la hutte du chef Darontal, qui lui offrit l'hospitalité. L'hivernage fut rude, mais non pas sans intérêt. Champlain suivait les chasses des Indiens, faisant grand carnage avec son arquebuse, tuant loups, daims, cerfs, ours et oiseaux de toutes sortes. Cependant, c'était l'inactivité pour un homme comme Champlain, et dès qu'il put rejoindre le P. Le Caron à Carhahouga, tous deux entreprirent de pousser jusque chez une nation qu'il appelle Tobaccos ou Petuneux, amis des Hurons. Il conclut avec elle une sorte de traité d'alliance, l'engageant à descendre à Montréal prendre part au trafic annuel.

Dans le même temps, il fut choisi pour arbitre entre les Hurons et les Algonquins, près d'en venir aux mains à la suite d'une querelle assez futile, et réussit à les mettre d'accord. C'était sauver la naissante colonie d'un grave péril, car les Algonquins, qui tenaient l'Ottawa,

auraient pu empêcher les Hurons de venir annuellement
à Montréal, et sans ce grand marché d'échanges, la Nouvelle-France se fût trouvée privée de ses principales
ressources. Lorsque Champlain rentra à Québec, on le
reçut « comme un père échappé miraculeusement au
tombeau », car les Indiens avaient répandu le bruit de
sa mort.

A côté de cette campagne de son chef, il faut conter

Fig. 19. — Champlain suivait les chasses des Indiens.

les aventures d'Étienne Brûlé, l'interprète dont le nom
et le courage sont demeurés légendaires au Canada.
Nous en empruntons le récit à l'auteur des *Pionniers
français*, qui a rajeuni et complété la narration donnée
par Champlain :

« Parti avec douze Indiens, ils traversèrent le lac Ontario, et avancèrent avec toute la célérité possible, évi-
tant les sentiers et les marais pestilentiels; choisissant
les plus épais fourrés, afin d'échapper aux vigilants et
cruels Sénécas, dont ils foulaient le territoire. Ils avaient

déjà parcouru une bonne partie de leur route, lorsque, faisant la rencontre d'une petite troupe d'Iroquois, ils les assaillirent, en tuèrent quatre et firent deux prisonniers; on conduisit ceux-ci à Carantouan, but de leur voyage et ville fortifiée, d'une population de 800 guerriers, ou environ 4,000 âmes. Les Carantouans devaient faire partie de la nation des Ériés; accueillis avec les réjouissances et les repas accoutumés, les cinq cents guerriers se préparaient au départ, mais avec une telle lenteur que, bien que la ville assiégée ne fût qu'à trois jours de distance, ils arrivèrent lorsque le siège était levé. Brûlé retourna avec eux à Carantouan et y passa l'hiver en explorations dignes de l'esprit aventureux de son commandant.

« Descendant une rivière qui devait être la Susquehanna, il la suivit jusqu'à son embouchure dans la mer, à travers les territoires de tribus populeuses, en guerre les unes avec les autres. Revenu à Carantouan, au printemps, quelques Indiens lui proposèrent de le guider vers ses compatriotes; moins heureux alors, ils rencontrèrent les Iroquois, qui, fondant sur eux, les dispersèrent dans les bois. Brûlé s'enfuit comme les autres, et bientôt se trouva perdu en pleine forêt, dans un inextricable labyrinthe. Pendant quatre jours, il erra jusqu'à ce qu'affamé et désespéré, il trouvât un sentier indien, et n'ayant le choix qu'entre les Iroquois et la famine, il opta pour les premiers, résolu à tenter leur clémence.

« Bientôt, il voit au loin trois Indiens chargés de poisson frais et leur parle en langue huronne, qui ne diffère pas de celle des Iroquois. Ceux-ci s'arrêtèrent stupéfaits, puis prirent la fuite. Brûlé, égaré par la faim, jeta ses armes en signe de paix. Les Indiens, s'approchant alors, écoutèrent le récit de sa détresse, fumèrent les pipes avec lui et le conduisirent au village, où on lui donna de la nourriture.

« La foule s'assembla et les questions commencèrent :

Fig. 20. — Attaque d'Indiens.

« D'où venez-vous ? N'êtes-vous pas un de ces Français , les hommes de fer, qui nous font la guerre. »

Étienne Brûlé répondit « qu'il était d'une nation supérieure encore aux Français et bonne amie des Iroquois ».

Mais les Indiens, incrédules, l'attachant à un arbre, lui arrachèrent et lui brûlèrent la barbe, pendant que le chef s'interposait en vain en sa faveur.

Comme beaucoup de bons catholiques de ce temps,

Brûlé portait sur la poitrine un *Agnus Dei*. L'un de ses bourreaux demanda ce que c'était, et avança la main pour s'en saisir.

« Si vous y touchez, s'écria Étienne, vous et votre « race vous périrez. »

« L'Indien ne tint pas compte de cette menace. Or, la journée était chaude et un de ces ouragans, succédant souvent aux brûlantes après-dînées américaines, s'élevait

Fig. 21. — *Agnus Dei.*

à l'horizon, comme portant la menace de la colère céleste; au même moment, l'orage éclatait, et au bruit du tonnerre résonnant dans le ciel, une terreur superstitieuse s'empara des Iroquois.

« Tous s'enfuirent, laissant leur victime étroitement liée jusqu'à ce que le chef, qui avait déjà cherché à le protéger (1), vînt couper ses liens, et, l'emmenant dans sa demeure, pansât charitablement ses plaies. Depuis lors, aucune fête ni cérémonie ne se passa sans que Brûlé y fût invité, et lorsqu'il voulut rejoindre ses compagnons,

---

(1) C'est une observation de Champlain que les chefs indiens, en paix comme en guerre, n'avaient qu'une autorité toute nominale, sans autre moyen de s'exercer que la persuasion.

une bande d'Iroquois le guida pendant quatre jours. Il retrouva, sans autres mésaventures, ses amis les Hurons, et les accompagna dans leur descente annuelle pour rencontrer les marchands français à Montréal.

« Brûlé devait avoir une fin lamentable. Les Hurons l'assassinèrent traîtreusement dans un de leurs villages, près de Penetanguishine. Bien des années après, une épidémie ayant frappé la population huronne réduite de près de moitié, les Indiens crurent voir dans ce fléau la vengeance du meurtre du Français, et les sorciers les plus renommés de la nation annoncèrent avoir vu la sœur de la victime volant au-dessus de leur contrée et répandant à travers les airs cette peste mortelle. »

CHAPITRE V.

Aussi bien que hardi et sagace explorateur, Champlain se montra organisateur actif et intelligent. Cette dernière qualité semblait assez étrangère à son tempérament aventureux; mais il sut se plier à la nécessité, montrant ainsi la supériorité d'un esprit qu'aucune occurrence ne prend au dépourvu.

Des relations amicales et assez étendues étant assurées entre les Français et les Indiens, il restait à fonder un établissement solide, qui pût devenir, dans un temps donné, le noyau d'une ville commerçante. Québec n'était encore qu'un village fortifié : quelques maisons de trafiquants, la demeure des religieux, une chapelle, une citadelle. Il n'y avait guère plus de cinquante habitants à résidence fixe et, parmi eux, à peine deux ou trois familles. « Dans un vieil écrit, on représente facétieusement le fort comme n'ayant d'autres sentinelles que deux vieilles femmes et un couple d'oies. »

Au demeurant, tout n'était que désordre et incurie. L'autorité, qui appartenait régulièrement à Champlain,

était battue en brèche par l'influence des marchands, qui
tenaient en leurs mains la fortune de la colonie. Ces
marchands, jaloux de leurs privilèges, interdisaient aux
émigrants de trafiquer directement avec les Indiens : il
fallait passer par l'intermédiaire des agents de la Compagnie, qui arrêtaient le plus clair des bénéfices au passage. Même entre marchands, il y avait peu d'accord ;
les querelles religieuses continuaient dans la Nouvelle-
France : entre catholiques de Saint-Malo et huguenots de
Rouen, l'accord était impossible. En principe, l'exercice
du culte protestant était interdit sur le territoire canadien, mais les hérétiques tournaient la prohibition en cé-
lébrant leurs offices à bord des vaisseaux. Le chant des
cantiques et les psalmodies venaient exaspérer les catholiques jusque chez eux, mais on avouera que le détour
était de bonne guerre. La principale cause de trouble
était l'hostilité et le trafic illégal des marchands de la
Rochelle, qui avaient refusé d'entrer dans la Compagnie ;
ils venaient, montés sur des vaisseaux bien armés, qui
au besoin acceptaient le combat. Dans de telles conditions
d'insécurité, la colonie ne pouvait faire de progrès, à
peine se maintenir.

Champlain se mit résolument à l'œuvre, bien décidé à
maintenir les droits de la Compagnie, car il croyait, suivant les opinions de son temps, que le privilège seul pouvait permettre des profits et, par conséquent, un développement régulier. Pourtant, il se rendit compte qu'un
monopole absolu était aussi bien une entrave que la liberté complète, et il mit son industrie à en faire diminuer
la rigueur. Il fit plusieurs voyages en France, y forma des
négociations nouvelles, se flattant d'avoir aplani les
principales difficultés.

En 1620, il amenait sa femme. Cela avait été un singulier mariage, car il l'avait épousée âgée de douze ans, et
sans savoir à quelle religion elle appartenait. Champlain,
peu après son arrivée en Nouvelle-France, s'aperçut avec

Fig. 22. — Enlèvement par les Indiens.

horreur, lui si bon catholique, qu'elle était huguenote.
Dès lors, il employa tout son temps à la convertir, et n'y
réussit que trop bien : devenue catholique, elle se con-
sacra à l'apostolat des squaws indiennes et, au bout de
quatre ans, s'en retourna en France, un peu contre le gré

de son mari, prendre le voile chez les ursulines, puis fonder un couvent de cet ordre, à Meaux, où elle mourut en odeur de sainteté. Les Indiens, paraît-il, l'avaient prise à son arrivée pour une divinité, tant elle était jolie et gracieuse, et nombre d'entre eux se mettaient à l'adorer bonnement, comme si elle eût été la Vierge dont leur parlaient les missionnaires. Cette tradition s'est conservée au couvent des ursulines de Québec

Cependant, la situation de la colonie demeurait à peu près la même. Les émigrants rebutés ne commerçaient ni ne travaillaient. La sécurité matérielle était compromise par les trahisons des Montagnais; elle le fut sérieusement en 1622, lorsqu'un gros détachement d'Iroquois descendit sur Québec, assaillant le couvent des récollets, situé en dehors de l'enceinte. Les arquebusades les mirent en déroute, mais ils connaissaient le chemin. C'était la première et funeste conséquence des ingérences de Champlain dans les querelles indigènes.

Gagné par les protestants, le maréchal de Montmorency, qui avait succédé à son beau-frère Condé dans la vice-royauté de la Nouvelle-France, supprima la Compagnie et concéda le privilège du trafic à deux commerçants huguenots, Guillaume et Émery de Caen. Cela ne fut pas un remède aux discordes intestines : Champlain dut envoyer un des récollets porter au roi les doléances des colons. Cette démarche n'eut d'autre résultat que de dégoûter le duc de Montmorency d'une vice-royauté si pleine d'ennuis, et il se démit de sa charge en faveur du duc de Ventadour. Ceci est un gros événement, car avec Ventadour que dominaient les jésuites, la Compagnie allait mettre la main sur la Nouvelle-France.

Les récollets avaient à desservir un immense terri-

toire; on leur fit comprendre qu'ils n'en pouvaient venir
à bout, et les naïfs religieux demandèrent d'eux-mêmes le
concours de ceux qui devaient les supplanter. En 1622,
trois jésuites débarquèrent à Québec, les PP. Lallemant,
Masse et Brébeuf. Comme, en l'absence de Champlain,
personne ne voulait les recevoir, les récollets leur donnèrent l'hospitalité. Bientôt les PP. Noirot et La Noue arrivèrent, amenant une vingtaine d'émigrants, et un édifice
s'éleva pour abriter les nouveaux missionnaires, qui ne
devaient pas tarder à prendre la direction spirituelle de
la colonie, et à rejeter dans l'ombre et à faire injustement
oublier les courageux récollets, qui furent les vrais pionniers de la foi en ce pays.

Une autre époque mémorable dans l'histoire du Canada
fut l'intervention de Richelieu, qui annula les privilèges
des deux huguenots, forma la Compagnie des Cent Associés ou de la Nouvelle-France et se mit à sa tête. En
échange de ses privilèges, la Compagnie prenait, entre
autres engagements, celui de transporter gratuitement à
Québec 4,000 personnes, hommes et femmes de tous métiers, dont environ 300 dès la première année (1628).
Mais tout colon devait être catholique, et l'on excluait la
seule classe d'émigrants volontaires qui fût alors en
France, les protestants. « Il en résulta, dit Parkman,
que, lorsque la révocation de l'édit de Nantes les exila
de leurs foyers, les rivages de la Nouvelle-France leur
étant interdits, ils portèrent leur industrie dans d'autres
contrées, vers les colonies anglaises, qui s'enrichirent des
fatales erreurs de la politique française.

« Il est permis de supposer, continue notre historien
américain, que si la Nouvelle-France était restée ouverte
au courant de l'émigration huguenote, le Canada ne fût

jamais devenu une province anglaise, le champ des établissements anglo-américains eût été contenu par l'expansion des colonies françaises, et de larges portions des
États-Unis seraient occupées aujourd'hui par une vigou-
reuse population française se rattachant étroitement à la
mère patrie. » On n'a rapporté cette dernière opinion
que par excès d'impartialité, car il est bien évident pour
nous, au contraire, que les populations françaises du Canada ne sont demeurées telles de langue et de mœurs que
par suite de la différence des religions. De tous les obstacles à l'absorption par les Anglais de l'élément français,
celui-ci a été le plus fort et le seul insurmontable.

La colonie était donc aux mains d'une compagnie sou-
veraine, qui, n'étant tenue qu'à l'hommage envers la couronne, pouvait disposer à son gré des ressources de l'immense territoire de la Nouvelle-France. En dehors des
privilèges de concession, les membres de la Compagnie
furent comblés de faveurs personnelles; douze d'entre eux,
bourgeois, reçurent des lettres de noblesse. Le capital des
associés était de 300,000 livres.

Les débuts de la nouvelle Compagnie furent difficiles.
En même temps que Roquemont, l'un des associés, partait pour Québec avec une flotte de transports et quatre
vaisseaux armés, les Anglais armaient une escadre pour
la même destination. Sir William Alexander s'était mis
dans la tête de s'emparer des colonies françaises, et un
huguenot de Dieppe, Français malgré son nom, David
Kirk, fut mis à la tête de l'entreprise.

Québec, affamé, guettait l'arrivée des Français; ce furent les Anglais qui arrivèrent. Le P. Le Caron fut informé à l'improviste par les Indiens que six gros vaisseaux ennemis étaient à l'ancre à Tadoussac. Néanmoins,

la flotte française, qui avait rejoint l'escadre anglaise,
faisait force de voiles pour remonter le Saint-Laurent;
un officier renommé, Desdames, arriva en éclaireur donner
cette nouvelle. L'anxiété était grande : les Français n'arrivaient pas; enfin, on apprit que David Kirk avait saisi

Fig. 23. — Colon de la baie d'Hudson au XVIIᵉ siècle.

le convoi de Roquemont et jeté toutes les provisions à
l'eau. C'était la famine, et il allait falloir soutenir un siège.
Champlain, sans se décourager, prit ses mesures en conséquence, espérant en imposer aux ennemis par la fermeté
de son attitude. C'est ce qui arriva, en effet, et Kirk, in-
timidé, se contenta de croiser dans le Saint-Laurent et
d'établir le blocus. Cependant, les Français furent trahis,

11

et Kirk, informé de leur situation précaire, envoya un officier demander la reddition de la place. Le 20 juillet, le drapeau anglais fut hissé sur le fort. Tous les soldats et sujets français devaient être reconduits dans leur pays.

Champlain fut envoyé à Tadoussac, et de là transporté en Angleterre. A peine à Londres, il eut une entrevue avec l'ambassadeur de France, et, conformément au traité conclu pendant les hostilités même, obtint le retour du Canada à la couronne. Cette guerre lointaine, désastreuse pour la Compagnie naissante, fut donc complètement inutile aux Anglais : elle ruina aussi bien les forbans transfuges que les négociants français.

Malgré l'opinion, qui ne voyait dans la lointaine possession qu'un sujet de ruine, Richelieu ne désarma pas, et, secondé par Champlain, qui voulait user toutes ses forces au service de la Nouvelle-France, il réussit à lever l'argent nécessaire à une nouvelle expédition. En 1633, délégué par la Compagnie, Champlain reprit le commandement de Québec.

Un peu avant lui étaient revenus les jésuites avec le P. Le Jeune pour supérieur, et bientôt la colonie, sous leur influence, changea d'aspect. « Un étranger, visitant Québec, eût été frappé de l'atmosphère de discipline religieuse qui s'y était établie : les écharpes des officiers se mêlaient aux robes ecclésiastiques à la table du commandant ; on y causait peu, on y faisait la lecture à haute voix d'histoires édifiantes ou de vies de saints, comme dans un réfectoire de communauté. La cloche de la chapelle appelait avec une édifiante régularité aux prières, aux offices, à la confession. Les soldats, gagnés par l'exemple, s'imposaient des pénitences corporelles, et les artisans rivalisaient avec eux dans la ferveur de leur con-

trition. Québec devenait une mission, où les Indiens ne
se rendaient plus attirés par l'appât de l'eau-de-vie, dont
le trafic était défendu, mais appelés par une propagande
moins pernicieuse et habilement empreinte d'affectueux
procédés. »

A ce tableau dû à la plume impartiale et sympathique
d'un protestant, il y a un revers : l'intolérance. Mais l'intolérance même et l'exclusion de tous les huguenots avait
sa raison d'être. « Cette exclusion, » dit un historien
canadien, M. Bibaud, « qu'on pourrait regarder comme
le fruit de l'intolérance qui était l'esprit du temps, et non
moins chez les protestants que chez les catholiques, était
aussi une mesure politique. On était persuadé à la cour
de France que l'entreprise et le succès des Anglais contre
le Canada étaient principalement dus aux intrigues de
quelques protestants de France et à la connivence de
ceux de la colonie. On crut donc qu'il était de la pru-
dence de ne pas trop approcher les réformés des Anglais
dans un pays où l'on n'avait pas assez de forces pour les
contenir dans le devoir et la soumission aux autorités
légitimes. »

On portait, d'ailleurs, une grande attention au choix
des émigrants, au rebours du temps où l'on entreprenait de coloniser en vidant les prisons, sottise que nous
sommes en train de recommencer, car l'histoire est in-
connue et les peuples, comme les individus, arrivent
sans expérience à chaque période nouvelle de leur vie.
Selon le mot d'un historien d'alors, on ne recevait pas
les mauvais garnements et, par-dessus tout, on prenait
soin de s'assurer de la conduite et de la réputation des
femmes et des filles avant de leur permettre de s'em-
barquer. Un établissement pour l'instruction des enfants,

français et indigènes fut commencé en 1635 par les soins du jésuite René Rohault, fils du marquis de Gamache.

Deux ans passèrent pendant lesquels Champlain montra un dévouement constant à la colonie qui lui devait l'existence, deux ans qui ne sont guère marqués dans l'histoire du Canada que par le rétablissement de la mission des Hurons, où le P. Brébeuf succéda au P. Le Caron.

On atteignit donc sans événements la fin de l'année 1635, le jour de Noël, qui devait être une date néfaste pour la Nouvelle-France. Après trois mois de maladie, Champlain venait de mourir, à l'âge de soixante-huit ans. Les obsèques se firent avec toute la pompe dont pouvait disposer la colonie.

C'était un homme de bien et de mérite. Il avait des vues droites, était doué de beaucoup de pénétration. Ce qu'on admirait le plus en lui, c'étaient son activité, sa constance à suivre ses entreprises, sa fermeté et son courage dans les plus grands dangers; un zèle ardent et désintéressé pour le bien de l'état; un grand fond d'honneur, de probité et de religion. Au reproche que lui fait Lescarbot d'avoir été trop crédule, Charlevoix répond que c'est le défaut des âmes droites, et que dans l'impossibilité d'être sans défaut, il est beau de n'avoir que ceux qui seraient des vertus si tous les hommes étaient ce qu'ils devraient être.

« Le vide de sa mort, » conclurons-nous avec son historien, « ne devait pas se réparer. Pendant vingt-sept ans, il n'avait cessé de travailler énergiquement en faveur de la prospérité de cette famille naissante, sacrifiant sa fortune, sa santé, la paix domestique à la cause qu'il avait embrassée avec enthousiasme et suivie avec une intrépide persistance. Il y avait en lui du preux chevalier des croisades, du voyageur curieux, aimant à s'instruire et recherchant l'aventure, du navigateur pratique, et il réunissait l'esprit du moyen âge à une instruction plus avancée. Moins politique que soldat, il penchait vers les voies droites et ouvertes, et l'un des derniers actes de sa vie fut de demander à Richelieu des armes et des hommes pour combattre les Iroquois, menace permanente de la Nouvelle-France. Nous avons vu son incomparable courage égalé par une patience que ne purent lui faire perdre ni les longues épreuves ni même les pieuses exagérations de sa femme. On a parfois peine à se représenter l'intrépide explorateur du lac Huron, l'antagoniste des Iroquois, confiné dans les règles d'une vie monastique à Québec, car on peut affirmer que Champlain était loin d'avoir une dévotion étroite.

« Soldat dès sa jeunesse, dans un siècle de licence effrénée, sa vie eut le rare mérite de répondre à ses principes; et après qu'une génération eut passé sur le temps de sa visite chez les Hurons, les anciens de la tribu parlaient encore avec admiration de la chasteté du grand chef français. Ses écrits gardent l'empreinte de l'homme : tout pour sa cause, rien pour lui-même. D'un style rude, plein des erreurs d'une rédaction hâtive et négligée, mais plutôt trop concis que diffus, ils respirent la vérité à chaque page.»

CHAPITRE VI.

Jusqu'au mois de juin 1636, Québec demeura sans gouverneur, et les jésuites, en particulier, nourrissaient de vives inquiétudes. Ne voyant dans la colonie qu'un intérêt, la religion qui les faisait maîtres des esprits, ils se demandaient si le successeur de Champlain aurait les mêmes sentiments religieux et surtout la même bienveillance à leur égard, car, même alors, on pouvait avoir de la religion et n'aimer qu'à demi la Compagnie de Jésus.

Au débarqué du nouveau gouverneur, ils furent promptement rassurés. A peine M. Charles Huault de Montmagny, chevalier de Malte, eut-il mis pied à terre, qu'apercevant un crucifix, il tomba à genoux, se répandant en prières. Les premiers actes de Montmagny ne démentirent pas ces prémisses. A son instigation, Québec se peupla de religieuses; on éleva des couvents et de nouvelles missions furent instituées.

Rien de tout cela, il faut bien le dire, ne constituait un

progrès pour la colonie. A part quelques déboisements pratiqués par un sieur Giffard sur sa seigneurie de Beaufort, par M. de Puiseux entre Québec et Sillery, les environs de la ville n'étaient que forêts impénétrables. La population n'augmentait guère, et sur les 200 habitants que l'on aurait pu compter, plus des trois quarts se composaient de soldats, de religieux et religieuses, d'agents de la Compagnie; on n'avait vu qu'un très petit nombre des 4,000 colons que les Cent Associés s'étaient engagés à transporter.

De plus en plus, Québec prenait l'apparence d'une communauté. Les seuls divertissements étaient des fêtes religieuses, particulièrement des processions : « Dans l'une d'elles, le gouverneur en habit de cour, et un Indien, vêtu de peaux de castor, soutenaient ensemble le dais au-dessus du Saint-Sacrement; pour une autre, on vit six Indiens marchant en avant, costumés tous d'habits écarlate et or donnés par le roi. Puis venaient les nouveaux convertis, deux à deux; la fondatrice du couvent des ursulines suivait avec les enfants indiens habillés à la française; enfin les prêtres, le gouverneur et la population européenne, à l'exception des canonniers qui, du fort, saluaient la croix et la bannière portées en tête du cortège. La cérémonie terminée, le gouverneur et les jésuites régalaient les Indiens dans un festin. »

Cette atmosphère de dévotion, non moins épaisse que celle qui écrasait à la même époque les puritains de la Nouvelle-Angleterre, ne fut pas sans peser à quelques colons, qui tentèrent de secouer le joug. Une députation fut envoyée au roi pour représenter « la gêne où étaient les consciences de la colonie de se voir gouvernées par les mêmes personnes, tant pour le spirituel que pour le temporel. » Richelieu prit garde à cet état de choses, et envoya en Nouvelle-France un ordre moins entreprenant qui partageât l'influence des jésuites. Mais les capucins, qui avaient eté désignés, ne purent se faire accueillir à Québec ; il était trop tard. Ils s'établirent dans le Maine, et la colonie demeura sous une domination qui devait entraver de longtemps ses progrès matériels.

La grande, l'unique affaire, c'était la conversion des Indiens, et la méthode employée par les jésuites fait prendre en pitié les infortunés catéchumènes. D'abord, on employait les cadeaux, les douceurs, pour décider les parents à livrer leurs enfants : de la verroterie, un bon repas, et le petit Indien passe aux mains des jésuites. Pour convertir les Indiens eux-mêmes, guerriers et *squaws*, on cherchait à inspirer la terreur : « Vous faites du bien à vos amis, disait le P. Le Jeune à un chef algonquin, et vous brûlez vos ennemis ; Dieu agit de même. » Voici, au sujet des images coloriées employées par les missionnaires, un curieux passage emprunté au même religieux : « Les hérétiques, dit-il en une de ses lettres, sont grandement blâmables de condamner et de briser les images qui ont de si bons effets. Ces figures sont la moitié de l'instruction qu'on peut donner aux sauvages. J'avais désiré quelques portraits de l'enfer et de l'âme damnée ; on nous en a envoyé quelques-uns en papier, mais cela est trop confus. Les diables sont tellement mêlés avec les lionnes, qu'on n'y peut rien reconnaître qu'avec une particulière attention. Qui dépeindrait trois ou quatre démons tourmentant une âme de divers supplices, l'un lui appliquant des feux, l'autre des serpents, l'autre la tenaillant, l'autre la tenant liée avec des chaînes, cela aurait un bon effet, notamment si tout était bien distinct, et que la rage et la tristesse parussent bien en la face de cette âme désespérée. »

Mais quelle que fût la théologie enfantine dont on berçait ces âmes primitives, on doit reconnaître que les jésuites améliorèrent la condition matérielle des Indiens. Du moins, telle est l'opinion des historiens, amis ou ennemis de la Compagnie de Jésus. Nous ferons observer que du jour où les Européens eurent pris le contact des Indiens, pour ceux-ci commença la décadence; ils avaient une civilisation rudimentaire, mais originale, des croyances et des traditions nationales, une vie, souvent affamée, mais libre, des rivalités qui les excitaient à un orgueil et à une dignité extrêmes; ils devinrent un troupeau féroce quand il n'était pas gorgé, considérant les Français comme des pourvoyeurs, et destiné à ne plus être, en un temps donné, qu'un peuple de parias, tolérés sur le sol où leurs ancêtres régnaient en maîtres.

Pendant que les jésuites peu à peu s'asservissaient les Algonquins et les Hurons, il y avait tout un essaim de hardis aventuriers, moitié explorateurs, moitié trappeurs, qui vivaient absolument de la vie de l'Indien. On a conservé les noms de Jean Nicolet, Jacques Hestel, François Marguerie, Nicolas Marsolet, qui presque tous ont fait souche de familles aujourd'hui fort considérées au Canada. Parmi ces hardis coureurs des bois, Jean Nicolet a une histoire particulièrement curieuse, et comme elle est sans doute très peu connue des lecteurs français et même des Canadiens, on la rapportera avec quelques détails. Nous les empruntons au travail qu'un littérateur canadien, M. Benjamin Sulte, a publié sur ce sujet, à Ottawa, en 1876.

Normand de Cherbourg, Jean Nicolet arriva au Canada

en 1618, sous les auspices de Champlain, et comme il paraissait intelligent et vigoureux, doué d'une bonne mémoire et d'une solide santé, son protecteur l'envoya immédiatement passer l'hiver chez les Algonquins de l'île

Fig. 24. — Déclaration de guerre.

des Allumettes, pour y apprendre la langue. Il n'y resta pas seulement un hiver, mais deux années consécutives, mêlé à toutes les chasses, à toutes les guerres, fêtes et habitudes de la tribu. En 1622, il fut chargé d'aller négocier la paix entre les Algonquins et les Iroquois, s'en tira avec succès, puis disparut pendant huit ans. Il était chez les Nipissings ou Nipissiriniens, et s'était si bien assimilé leur dialecte et leurs mœurs qu'il passait, dit Champlain, « pour un de cette nation, entrant dans les conseils fort fréquents à ces peuples, ayant sa cabane et son ménage à part, faisant sa pêche et sa traite. » Il était devenu, en somme, un vrai sauvage.

« L'apprentissage de Nicolet était donc chose accomplie, lorsque, en 1629, les Anglais s'emparèrent de Québec et ne lui laissèrent, comme aux autres interprètes, que l'alternative de se livrer à eux ou de s'enfoncer dans les forêts en compagnie des sauvages, ses amis.

« C'est peut-être durant l'époque critique de 1629 à 1633 que nos voyageurs jetèrent les plus forts germes d'amitié parmi les tribus algonquines et huronnes. Séparés tout à coup de leur base d'opération tombée aux mains de l'ennemi, on les aurait crus enlevés à jamais au monde civilisé, sinon à la vie même. Il arriva plutôt le contraire de ce que l'on aurait pu attendre. Jusque-là, le trafic des pelleteries contre des articles de fabrication européenne avait servi au commencement d'alliance qui nous permettait de remonter l'Ottawa et de visiter la baie Géorgienne, mais il s'en fallait de beaucoup que nous fussions à l'aise sur ces territoires. Cela se passait, du reste, au moment où les colons anglais, débarqués en même temps avec nous sur les plages de l'Atlantique, n'avaient pas encore osé se risquer à dix arpents de leurs cambuses. Nous avions déjà franchi des centaines de lieues de pays et attiré le trafic, en larges proportions, dans la vallée du Saint-Laurent. Les interprètes, les *voyageurs*, selon le mot consacré, se refusaient à quitter leur conquête ou à y introduire les Anglais. Ils ne craignirent

pas de retourner au fond des bois reprendre la vie d'a-
venture et s'appliquer plus que jamais à agrandir l'influence du nom français vers l'ouest. Sans pouvoir compter
avec certitude sur le retour du drapeau blanc à Québec,
ils se mirent en travers des projets que les marchands anglais auraient pu concevoir de se répandre de ce côté.
Ainsi, pour compenser efficacement les fautes d'une administration mal éclairée, cinq ou six pauvres hommes
du peuple, prenant l'ennemi par derrière, nous préparaient avec ardeur une revanche éclatante en rapprochant
tout à fait de nos intérêts les nations éparses qu'un acci-
dent ordinaire, ou seulement un abandon de quelques
années, pouvaient faire pencher contre nous d'une façon
désastreuse. »

De 1618 à 1628, et tant que dura l'occupation anglaise,
de 1629 à 1632, Nicolet vécut entièrement avec les Indiens.
Au commencement de l'année 1634, Champlain résolut
de mettre à profit les connaissances de son interprète et
de l'envoyer en découverte.

« A peu près le premier de juillet, une double expédition partit de Québec. L'un des convois s'en allait bâtir
un fort aux Trois-Rivières ; l'autre, composé du P. Brébeuf
et de Jean Nicolet, comme personnages principaux, se
destinait aux explorations des *pays d'en haut*, aujour-
d'hui la province d'Ontario. Le 4 juillet, tout le monde
était réuni aux Trois-Rivières, et Nicolet assista ainsi à la
fondation d'une place où devaient s'écouler les dernières
années de sa vie.

« Resté à l'île des Allumettes, tandis que Brébeuf pour-
suivait son chemin, Nicolet fit ses préparatifs de voyage
vers les régions inconnues, conformément à ses instructions et à son expérience personnelle. Ensuite, il se ren-

dit chez les Hurons, au bord du lac de ce nom, prit avec
lui sept Indiens et s'enfonça dans la direction du lac Michigan, alors totalement ignoré des blancs. Il se dirigea
vers la contrée dite des Gens de mer, ainsi nommés parce
que, d'après la description qu'ils donnaient d'une grande
étendue d'eau qui se rencontrait au delà de leur pays,
les Français les croyaient voisins de la mer Pacifique, ou,
tout au moins, d'une rivière considérable qui y menait.
Ces *gens de mer* n'étaient connus des Français que par
ouï-dire. On ne les supposait pas cruels, et on admettait
qu'avec le huron et l'algonquin, langues que Nicolet possédait à merveille, tout homme pouvait s'entendre avec
eux.

« Parvenu à la baie Verte ou des Puants, au milieu des
Mascoutins, Nicolet avait épuisé, selon toutes les appa-
rences, la géographie de ses guides. Il entrait en plein
pays inconnu. Ayant devant lui une immense contrée à
parcourir, entendant sans cesse parler de grands cours
d'eau, de mers prochaines, de peuples trafiquants et na-
vigateurs, il marchait, dans son imagination, à la découverte du reste du globe, complétant l'œuvre de Colomb
et de Cartier, qui avaient voulu se rendre à la Chine, mais
qui en avaient été empêchés par la largeur du continent
américain.

« Un regard sur la carte nous montre la possibilité de
passer de la baie Verte au Mississipi. Les sauvages de la
contrée en connaissaient le chemin, de toute nécessité.
Nicolet sut se le faire indiquer; il remonta la rivière aux
Renards et franchit la bande de terre qui la sépare de la
rivière Ouisconsin, laquelle se jette dans le Mississipi.
Il avait pour mission de *traiter de la paix*, c'est-à-dire
de faire alliance avec les peuples qu'il rencontrerait et

d'étendre ainsi la renommée et le commerce des Français. Chez chacune de ces nations, il s'arrêtait, accomplissait dans toute sa pompe le cérémonial usité en pareille circonstance, y ajoutant même certaines pratiques tirées des

Fig. 25. — Inondation du Mississipi.

coutumes des peuples civilisés, ce qui le faisait passer pour un homme extraordinaire.

« A deux journées des *Gens de mer*, il envoya un de ses Hurons annoncer la nouvelle de la paix, qui fut bien accueillie, surtout lorsqu'on sut que c'était un homme blanc qui porterait la parole. On dépêcha plusieurs jeunes gens au-devant du *manitou iriniou*, l'être merveilleux. Nicolet, qui se figurait que ces peuples n'étaient pas loin des Chinois ou qu'ils devaient les connaître, s'était revêtu d'une grande robe de damas de Chine, toute parsemée de dessins de fleurs et d'oiseaux, et s'avançait vers eux en déchargeant en l'air ses pistolets qu'il tenait à chaque main. Son apparition causa une surprise et un ravissement extrèmes. La nouvelle s'en répandit au loin, de nation en nation : on disait qu'un homme était venu qui portait le tonnerre. Expert en l'art de manier l'esprit des sauvages, Nicolet sut se rendre populaire. Il convoqua des conseils qui dépassèrent en solennité ceux qu'on avait coutume de tenir. A l'une de ces assemblées, il y eut de 4 à 5,000 guerriers. Chaque chef de quelque importance voulut donner son festin, et dans l'un de ces repas on servit jusqu'à cent vingt castors. »

S'il ne marchait pas vers la Chine, du moins Nicolet allait, le premier, entrevoir le Mississipi :

« Le sieur Nicolet, » écrivait six ans plus tard le P. Le Jeune, « lui qui a le plus avant pénétré dedans ces pays si éloignés, m'a assuré que s'il eût vogué trois jours plus avant sur un fleuve qui sort du second lac des Hurons (le lac Michigan), il aurait trouvé la mer. Or j'ai de fortes conjectures que c'est la mer qui répond au nord du Nouveau-Mexique, et que de cette mer, on aurait entrée dans le Japon et la Chine. »

Il s'en fallait de beaucoup que ce fût là le chemin cherché. Nul, au temps de Jean Nicolet, ne le pouvait trouver, car la question n'a été tranchée que de nos jours par le *Pacific Rail-Road*. Mais ces illusions aidaient à marcher en avant, et sans elles Nicolet, peut-être, et les autres fussent demeurés sur les bords du Saint-Laurent. Il faut vouloir l'impossible pour faire le possible. « Nicolet, » dit un autre Canadien, M. Gabriel Gravier, «, a servi la cause de l'humanité et glorifié le nom français. »

Cette expédition ne causa que très peu d'émotion au Canada, et l'histoire n'a pas donné à Nicolet la gloire d'avoir découvert le chemin du Mississipi; elle devait échoir à Marquette et à Joliet, surtout à La Salle, qui ne firent pourtant que marcher sur ses traces.

Si Champlain eût été encore à la tête de la colonie, nul doute qu'il eût tiré parti de ce voyage, mais il était mort lorsque Nicolet revint à Québec, et le hardi explorateur, qui ne voulut pas prendre de service près des jésuites, s'établit interprète aux Trois-Rivières. Il était en même temps agent général de la Compagnie des Cent Associés dans cette région. Ses services ne furent point entièrement méconnus. Le fils du messager ordinaire de Cherbourg à Paris fut anobli, et il reçut le fief de Belleborne, sur la route actuelle de Sainte-Foye, près de Québec.

Il était allé passer quelques jours dans ce domaine lorsque M. des Rochers, gouverneur des Trois-Rivières, connaissant son influence sur les Indiens, l'envoya chercher pour terminer un différend qui s'était élevé entre les Français et les Algonquins. Nicolet se jeta dans une barque avec M. de Chavigny et quelques autres. « C'était à la fin d'octobre, sur les sept heures du soir, au milieu d'une tempête épouvantable. Ils n'étaient pas arrivés à Sillery qu'un coup de vent du nord-est chavira la chaloupe. Les naufragés s'accrochèrent à l'embarcation renversée, sans pouvoir la remettre à flot. Alors Nicolet, s'adressant à M. de Chavigny, dit : « Sauvez-vous, vous

savez nager, je ne sais pas. Je m'en vais vers Dieu. Je
vous recommande ma femme et ma fille. » La chaloupe
n'était pas loin d'une roche, située assez près du rivage,
déjà bordé de quelques glaces en cette saison, mais l'obs-
curité ne permettait pas de distinguer les objets. M. de
Chavigny se jeta seul à la nage et atteignit la terre avec
beaucoup de peine. Les malheureux qui restaient cram-
ponnés à la chaloupe se virent emportés par les vagues,
à mesure que le froid les gagnait. »

La perte de Nicolet fut vivement ressentie, car il s'était
concilié l'estime et l'affection, non seulement des Français, mais encore des sauvages. « Il nous a laissé, dit le
P. Vincent, dans sa *Relation*, des exemples qui sont au-
dessus de l'état d'un homme marié et tiennent de la vie
apostolique, et laissent une envie aux plus fervents religieux de l'imiter. »

Notons que sa fille, qu'il avait recommandée en mourant, épousa M. Le Gardeur de Repentigny, dont le fils, Le
Gardeur de Courtemanche, se distingua par de longs et
utiles services dans l'ouest du Canada. Son nom fut donné
par les Canadiens à la petite rivière que Champlain avait
baptisée Pontgravé, et plus tard à une ville, maintenant
en voie de prospérité.

CHAPITRE VII.

Les missions continuent l'œuvre de Champlain. — Fondation d'un hôpital à Québec. — Brébeuf au Niagara et chez les Ériés. — Raimbault chez les Nipissings et les Chippeways. — Jogues chez les Iroquois Mohawks. — Son supplice et sa mort. — Guerre des Iroquois contre les Français et les Hurons. — Destruction des missions. — Anéantissement de la nation huronne. — Persévérance des missionnaires. — Le tremblement de terre.

Ce ne furent ni les gouverneurs royaux ni les commissaires chargés de missions spéciales qui continuèrent l'œuvre de Champlain, mais bien les missionnaires : œuvre de découverte, de colonisation, de civilisation. Les réserves que nous avons faitês précédemment au sujet des jésuites, de leur méthode, de leur absolutisme ne sauraient nous empêcher de reconnaître les services qu'ils rendaient à la France, sous le couvert de la religion. Nul doute que l'influence française dans toute l'Amérique du Nord ne leur doive beaucoup, et, à ce titre, ils ont leur place dans une histoire du Canada.

Nous avons vu que les premières missions organisées par les récollets furent reprises par les jésuites sur une plus grande échelle. En 1639, ces derniers étaient déjà au nombre de quinze, répandus sur tout le territoire de

la Nouvelle-France; c'est de cette époque que date, en
réalité, le grand mouvement religieux qui tendait à conquérir les Indiens, non par la force, mais par la foi.

Le jésuite Brébeuf, qui succéda au P. Le Caron, chez
les Hurons, s'était établi sur les bords du lac Érié. « C'é-
tait, » dit un de ses biographes sur un ton qui sent un
peu le panégyrique, « un de ces hommes auxquels une
foi austère et enthousiaste sert de mobile et de fin. Ses
pratiques religieuses rappelaient la sévérité des anciens
anachorètes. Chaque jour, il renouvelait son vœu de bra-
ver le martyre; il le cherchait, il en avait soif; comme si
sa vie, toute de prières, de prédications, de bonnes œuvres, de fatigues, de dangers, ne suffisait pas au gain de sa
cause devant Dieu. Le même zèle apostolique animait le
P. Daniel et le P. Lallemand, ses collaborateurs. » Et un
historien américain, Bancroft, témoigne, après tant
d'autres, du désintéressement, non seulement des jésuites,
mais des particuliers et du gouvernement au Canada :
« Ce ne fut, dit-il, ni une entreprise commerciale, ni une
ambition royale, qui porta la France au centre du continent américain. C'est l'enthousiasme religieux qui a fondé
Montréal, conquis les déserts et les grands lacs, exploré
le Mississipi. C'est à l'Église romaine que le Canada doit
ses autels, ses hôpitaux, ses séminaires. »

L'excès d'impartialité mène au défaut contraire. Les
protestants sont, en général, d'une politesse exagérée envers le catholicisme en Amérique : ils ont peur d'être
taxés de fanatisme et se rendent coupables de complai-
sance. Le Canada ne doit pas tout aux missions; disons
seulement qu'il leur doit beaucoup.

Le P. Brébeuf était depuis cinq ans à peine chez les
Hurons que la mission principale avait essaimé comme

une ruche mère : plusieurs villages avaient été pourvus
d'un missionnaire et d'une chapelle; enfin, un grand chef
s'était converti, Ahasistari, dont l'influence ne devait
pas, dans la suite, être inutile à la France.

Dans le même temps, parmi les riches particuliers
qui, de France, s'intéressaient à la colonie, il se trouva
une femme intelligente et assez généreuse pour fonder à
Québec un hôpital, destiné non seulement aux Français,
mais également aux Indiens amis de la France. Les religieuses venaient de Dieppe : « En prenant terre à Québec, dit Bancroft, ces jeunes héroïnes s'arrêtèrent pour
baiser la terre qu'elles adoptaient et qu'elles étaient prêtes
au besoin à teindre de leur sang. Le gouverneur, avec sa
petite garnison, vint en personne au-devant d'elles. Des
Hurons, des Algonquins, mêlant leurs acclamations à
celles de la colonie, remplissaient l'air de cris de joie, et
le groupe bigarré accompagna les nouvelles venues jusqu'à l'église où, au milieu d'actions de grâce universelles,
le *Te Deum* fut chanté. Est-il surprenant que les naturels fussent touchés d'un dévouement que leur misère
sordide ne parvenait pas à effrayer? Ces religieuses tentèrent également de faire l'éducation des enfants, et l'on
montre encore le frêne vénérable sous lequel sœur Marie
de l'Incarnation, si renommée pour sa piété austère, son
intelligence et son bon sens, essaya, mais en vain, d'instruire les petits Hurons. »

Partout à la fois, les missions s'avançaient, comme des
postes, de jour en jour portés un peu plus loin. En l'espace de douze ans, depuis la mort de Champlain jusqu'en 1647, soixante jésuites, pères et novices, avaient
exploré la Nouvelle-France, pénétrant tout autour des
grands lacs, jusqu'à la naissance du lac Supérieur. Bré-

beuf parcourut les bords du Niagara, alla jusqu'au lac Érié, et même il serait descendu jusque dans l'État actuel de New-York, le long de la rivière Albany. Mais on sait que ces régions étaient aux mains des Iroquois et qu'Étienne Brûlé, le seul qui les eût visitées, n'en était sorti vivant que par un concours de circonstances exceptionnelles.

Les Nipissings, la tribu aux maléfices, furent visités par Charles Raimbault et Claude Pijart. Le premier poussa même plus loin, et, accompagné cette fois d'Isaac Jogues, remonta, parmi les Chippewas ou Chippeways, jusqu'au Sault Sainte-Marie.

« Partis en canot de Penetangushine », dit un historien du Canada, « les missionnaires arrivèrent aux chutes Sainte-Marie, après une navigation de dix-sept jours, au milieu des îles nombreuses du lac Huron. Deux mille Indiens les attendaient; leurs chefs les invitèrent à rester parmi eux et à y établir une mission permanente. Les missionnaires s'enquirent de plusieurs nations, entre autres des Nadowessies et des Sioux, qui n'avaient jamais été en contact avec les Européens; ils se proposaient de les évangéliser. Raimbault voulut alors rejoindre les Algonquins du lac Nipissing, mais la rudesse du climat et l'épuisement de ses forces l'en empêchèrent. » Il dut redescendre à Québec, où il ne tarda pas à succomber. C'était le premier missionnaire mort dans la colonie, victime de son dévouement; on lui fit l'honneur de déposer ses restes dans le tombeau même de Champlain.

Le compagnon de Raimbault, Jogues, revenait de chez les Hurons, escorté par Ahasistari, lorsqu'ils tombèrent dans un parti d'Iroquois, des Mohawks. Tous les Hurons

s'enfuirent, et le jésuite demeura aux mains des Indiens
avec le chef huron, qui voulut partager son sort, bien
qu'il eût pu se sauver et se mettre en sûreté comme les
siens. Un novice nommé Goupil fut tué d'un coup de

Fig. 26. — Vue du lac Érié

tomahawk ; Jogues, condamné au feu, fut racheté par les
Hollandais, qui avaient des liens d'amitié avec cette
tribu. Ce furent encore les Hollandais qui sauvèrent le
P. Bressiani, lequel, « traîné pieds nus à travers les ronces
et les fourrés, déchiré de coups par un village entier,

brûlé, torturé, » allait être mis à mort, lorsqu'ils inter-
vinrent heureusement.

Le gouvernement du Canada essaya de faire la paix
avec les Iroquois. Les Mohawks eurent l'air de céder et
répondirent en ces termes, qui peuvent donner une idée
du pompeux style indien : « Nous avons jeté si haut
dans l'air et au delà des nuages la hache de guerre,
qu'aucun bras sur la terre n'est capable de la reprendre ;
les Français dormiront sur nos couvertures les plus
moelleuses, au coin du feu que nous entretiendrons toute
la nuit ; les ombres de nos braves tombés dans le combat
sont entrées si avant dans la terre, qu'il est impossible,
désormais d'entendre leurs cris de vengeance. Je place
une pierre sur leurs tombes afin que personne ne puisse
remuer leurs os ! »

Ces belles paroles cachaient une assez noire duplicité.
Plus sincères furent les Abenakis du Maine, que le jésuite Sillery avait évangélisés. Le P. Dreuillette put bâtir
une chapelle chez eux et s'y établir. Le P. Jogues, qui
s'était à grand'peine échappé des mains des Mohawks,
osa y retourner, disant : *Ibo et non redibo*, paroles
prophétiques, car il fut mis à mort et périt au milieu
des supplices.

Au milieu de l'année 1648, la grande guerre des Iroquois commença. Le 4 juillet, ils envahirent le territoire
des Hurons, attaquèrent la mission du P. Daniel, qu'ils
firent expirer sous une grêle de flèches ; massacrèrent,
en l'absence des guerriers, femmes et enfants, et ne se
retirèrent qu'après avoir détruit tout par le feu. Peu
après, ils revinrent à la charge, et, plus nombreux que
leurs ennemis, après de sanglants combats, les exter-
minèrent complètement. Le peu qui survécut se réfugia

partie à Québec, partie sur des îles du lac Huron; ces
quelques-uns se laissèrent incorporer aux Iroquois. C'en
était fait de la grande nation huronne. Plusieurs jésuites
périrent dans ces massacres, les PP. Lallemant, Garmé,
Brébeuf.

Après cette dispersion de leurs ennemis, l'insolence
des Iroquois augmenta encore, et ils ne craignirent pas
de s'attaquer aux établissements des Français. A Trois-
Rivières, le commandant, M. Duplessis-Bochard, fut tué
en marchant contre eux. Montréal, assiégé, se défendit à
grand'peine; Québec même fut inquiété. De tous côtés
c'étaient des embuscades, des massacres; tout Français qui marchait isolé risquait de tomber entrer leurs
mains et d'y laisser la vie. Un parti de cinquante colons,
qui s'en allait former un établissement chez les Onondagas, fut obligé de rebrousser chemin et de fuir devant
une horde de sauvages.

En 1658, des Algonquins furent massacrés sous les
canons même du fort de Québec. La paix ne fut pas
faite et quelque tranquillité ne fut pas rendue à la co-
nie avant 1662. Les missionnaires en profitèrent pour
tenter encore une fois d'évangéliser les Cinq Nations. Le
P. Le Moyne se rendit chez les Mohawks, mais au
bout de quatre mois d'un séjour à peine toléré, il fut
forcé de regagner Québec sans avoir obtenu aucun résultat. Chez les Onondagas, le P. Jogues fut plus heureux :
les Indiens l'accueillirent volontiers, et lui bâtirent eux-
mêmes une chapelle. Les Cruyas, les Onéidas et les Sénécas reçurent également des missionnaires, de sorte
que la Confédération tout entière, hormis les Mohawks,
semblait gagnée.

Cela ne dura qu'un moment; les hostilités reprirent

après quatre ans de trêve, avec leur cortège de massacres, d'incendies et de pillages. Les jésuites, pourtant, ne se découragèrent pas. Suivant la voie tracée par Jean Nicolet, le P. Mesnard alla évangéliser les Sioux de la baie Verte, où il périt d'une façon mystérieuse. Parti en excursion, on ne le vit pas revenir. Un peu plus tard, Allouez et Nicolas fondaient une mission chez les Illinois; Dablon et Marquette, chez les Chippeways. La pacifique conquête s'étendait, en dépit de toutes les traverses.

L'audace des Iroquois avait été singulièrement augmentée par la faiblesse numérique des Français; des renforts furent envoyés, et il semblait qu'une ère de calme allait s'ouvrir lorsque survinrent des tremblements de terre, accompagnés de divers phénomènes météorologiques, que les folles terreurs de la multitude et l'imagination des missionnaires exagérèrent d'une façon tout à fait ridicule, comme on pourra en juger par les extraits suivants des journaux des jésuites :

« Dès l'automne de 1662, on vit voler dans l'air quantité de feux sous des formes diverses. A Montréal, parut, une nuit, un globe de feu qui jetait un grand éclat; il fut accompagné d'un bruit semblable à une volée de, canon.

« Le 3 février, on fut surpris de voir que tous les édifices étaient secoués avec tant de violence, que les toits touchaient presque à terre, tantôt d'un côté et tantôt de l'autre; que les portes s'ouvraient d'elles-mêmes et se refermaient avec un très grand fracas; que toutes les cloches sonnaient, quoiqu'on n'y touchât point; que les pieux des palissades ne faisaient que sautiller; que les animaux poussaient des cris et des hurlements effroyables; que les arbres s'entrelaçaient les uns dans les autres, et que plusieurs se déracinaient et allaient tomber assez loin. On entendit ensuite des bruits de toutes les sortes : tantôt c'était celui d'une mer en fureur

Fig. 27. — Tentes d'Illinois.

qui franchit ses bornes; tantôt celui que pourraient faire un grand nombre de carrosses qui rouleraient sur le pavé, et tantôt le même éclat que feraient des montagnes et des rochers de marbre qui viendraient à s'ouvrir et à se briser. Les campagnes n'offraient que des préci- pices. Des montagnes entières se déracinèrent et allèrent se placer ailleurs; quelques-unes s'abîmèrent si profon-

dément qu'on ne voyait pas même la cime des arbres
dont elles étaient couvertes. Il y eut des arbres qui s'élancèrent en l'air avec autant de raideur que si une mine
eût joué sous leurs racines, et on en trouva qui s'étaient
replantés par la tête. De gros glaçons furent lancés dans
l'air, et de l'endroit qu'ils avaient quitté, on vit jaillir une
quantité de sable et de limon. Plusieurs fontaines et de
petites rivières furent desséchées.

« Où l'on avait vu un rapide, on voyait la rivière couler
tranquillement et sans embarras; ailleurs, c'était tout
le contraire; des rochers étaient venus se placer au milieu d'une rivière, dont le cours paisible n'était auparavant retardé par aucun obstacle. Un homme, marchant
dans la campagne, apercevait la terre s'entr'ouvrir tout
à coup auprès de lui; il fuyait, et ces crevasses semblaient le suivre. Ici, les eaux devenaient rouges; là,
elles paraissaient jaunes; celles du fleuve furent toutes
blanches, depuis Québec, jusqu'à Tadoussac. Vis-à-
vis du cap Tourmente, il y eut de si grandes *avalaisons* d'eaux *sauvages* (1) qui coulaient du haut des
montagnes, que tout ce qu'elles rencontrèrent fut emporté.

« Assez près de Québec, un feu d'une lieue d'étendue
parut, en plein jour, venant du Nord, traversa le fleuve
et alla disparaître sur l'île d'Orléans.

« L'air eut aussi ses phénomènes : on y entendait un
bourdonnement continuel; on y voyait des spectres et
des fantômes de feu, portant en mains des flambeaux.
Il y paraissait des flammes qui prenaient toutes sortes de

---

(1) *Avalaisons* se traduit aisément par avalanches, mais qu'est-ce
que des *eaux sauvages?*

formes, les unes de piques, les autres de lances, et des
brandons allumés tombaient sur les toits sans y mettre
le feu. De temps en temps, des voix plaintives augmen-
taient la terreur. On entendit des gémissements qui
n'avaient rien de semblable à ceux d'aucun animal connu.

« Les effets de ce tremblement de terre furent variés
à l'infini. La première secousse dura une demi-heure
sans presque discontinuer. Il y en eut une seconde aussi
violente que la première, et la nuit suivante, quelques
personnes en comptèrent jusqu'à trente-deux. »

Ce qui fait voir, fait remarquer M. Bibaud, combien
l'imagination ajoute à la réalité, ou jusqu'à quel point les
narrateurs se permirent l'exagération, c'est que, durant
tout ce temps, plus de six mois, il n'y eut, ni parmi les
Européens ni parmi les Indiens, personne de tué ou
même de blessé.

CHAPITRE VIII.

Il n'entre pas dans le plan de ce travail de suivre en détail l'histoire politique du Canada. On la résumera donc en quelques pages pour arriver à cette période, navrante et glorieuse à la fois, qui se résume en un nom : Montcalm.

Depuis la mort de Champlain jusqu'en 1663, cinq gouverneurs s'étaient succédé, sans qu'aucun d'eux, au cours d'une période très agitée, ait pu rien faire pour le progrès matériel de la colonie. La Compagnie des Cent Associés, réduits par le fait à quarante-cinq, n'avait, d'ailleurs, tenu aucun de ses engagements ; hors d'état de les mieux remplir à l'avenir, elle fut réduite à remettre ses pouvoirs aux mains du roi.

Le Canada devint une possession de la couronne, et c'est au nom du roi de France, que M. de Mesy, nommé gouverneur, entra en fonctions le 24 février 1663, installé par le commissaire royal Gandais, qui reçut le serment de fidélité des anciens agents de la Compagnie. Depuis cette époque jusqu'aux première hostilités avec l'Angleterre, ce fut pour le Canada une période d'accroissement, en dépit des inquiétudes que donnait toujours à la colonie l'inimitié des Cinq Nations.

En 1689, au moment où Guillaume d'Orange a réussi à coaliser presque toute l'Europe contre nous, « notre situation », dit un historien de la Nouvelle-France, « ne laissait pas d'être satisfaisante. Nous occupions solidement le Canada, l'Acadie, la baie d'Hudson; nous avions des droits sur une partie du Maine, du Vermont, du New-York, sur toute la vallée du Mississipi et sur le Texas jusqu'au rio Bravo del Norte. Nous avions vécu jusqu'alors en paix avec l'Espagne, qui devait retirer bien peu de fruits de sa lâche condescendance pour l'Angleterre. La confédération des Cinq Nations nous était hostile; gagnée de bonne heure par nos rivaux, elle leur resta toujours fidèle; mais nos missionnaires avaient su nous ménager l'amitié des autres tribus, des Illinois, des Natchez, des Dacotas, et même des Sioux. Nous les protégions contre les Iroquois, et ils nous payaient, en retour, d'un dévouement qui résista même à nos fautes, à nos crimes. La métropole aimait la colonie naissante. En un mot, malgré sa faible population européenne, qui n'atteignait encore qu'au chiffre de 11,240 personnes, le vingtième à peine de la population des colonies anglaises, la Nouvelle-France semblait promise à de hautes destinées. »

Les Anglais, bien plus que les Espagnols, étaient nos rivaux naturels dans l'Amérique du Nord. Sébastien Cabot, Martin Frobisher, Willoughby, Chancellor avaient, de 1498 à 1541, exploré les régions australes. En 1583,

Humphrey Gilbert, patronné par Walter Raleigh, son beau-frère, prit possession de Terre-Neuve, et l'année suivante, Philippe Amidas et Arthur Barlow débarquaient sur les côtes de la Virginie, ainsi nommée par

Fig. 28. — Palissades naturelles de l'Hudson.

la reine Élisabeth elle-même. Mais ce n'est vraiment qu'en 1606, avec Richard Hakluyt, lord Delaware, Dale, Gates, que la Virginie prend quelque intérêt. Quatorze ans plus tard, les *Pilgrim Fathers*, petite colonie de puritains, s'établissent dans le Massachusetts. Puis, successivement lord Baltimore et Laurent Calvert fondent

15

le Maryland; Roger Williams, le Rhode-Island et Providence ; Conant et White, Salem; Ferdinand Georges et Mason, le Maine et le New-Hampshire. En 1643, les diverses colonies s'unissent entre elles par la fédération, et aux États que nous venons de citer vinrent s'adjoindre successivement le New-Plymouth, le Connecticut, le New-Haven, les deux Carolines, le New-Jersey, la Pensylvanie, fondée par Guillaume Penn, le New-York, enlevé aux Hollandais qui l'avaient colonisé.

Comme ils avaient enlevé ce dernier État aux Pays-Bas, sous prétexte que Cabot l'avait découvert, les Anglais nous contestèrent, d'après le même principe, la vallée du Saint-Laurent et le bassin du Mississipi. On ne pouvait sérieusement contester ni la prise de possession de Cartier ni les explorations de la Salle et de Marquette. Un seul pays pouvait nous disputer le Mississipi, du moins dans son cours inférieur, l'Espagne, en se réclamant du voyage de Soto de Mayor. Quant au bassin de l'Ohio, également en litige, il avait été évangélisé et colonisé par nos missionnaires avant que les Anglais eussent osé franchir les monts Alleghanys.

La guerre éclata sous le gouvernement de M. de Frontenac. Il y était préparé, mais il semble que, s'il avait reçu ou combiné lui-même un plan de conquête, il n'en avait aucun pour la défense. L'objectif des armes françaises était l'état de New-York, dont il s'agissait de s'emparer; cette conquête paraissait si sûre, que son futur gouverneur était désigné d'avance en la personne de M. de Callières. Or, pendant que Frontenac remontait le Saint-Laurent pour aller attaquer par mer les colonies anglaises, on lui annonçait la prise de Montréal. « Dans la nuit du 25 août 1689, » rapporte Bancroft, « les Iroquois, débarquant dans l'île au nombre de 1,500, avaient massacré la population endormie et incendié les maisons. En moins de deux heures, plus de 200 personnes trouvèrent la mort sous des formes trop horribles pour

Fig. 20. — Guillaume Penn achetant la terre des sauvages.

être décrites. En approchant de la ville, ils avaient fait un nombre égal de prisonniers, et, restés maîtres du fort et de toute l'île, après un violent combat, ils y demeurèrent jusqu'au milieu d'octobre sans être inquiétés. Dans un moment de consternation, Denonville avait ordonné de raser le fort Frontenac, sur l'Ontario. Des Trois-Rivières à Mockinan, il ne restait plus une ville à la France. »

Cet échec fut vengé bientôt par des représailles partielles. Les Indiens alliés de la France massacrèrent une trentaine d'Anglais aux environs de la baie d'Hudson, et détruisirent les établissements de Shenectady, celui des chutes de Salomon, sur la rivière Piscataqua, tuant jusqu'aux femmes et aux enfants à la mamelle, avec des raffinements de cruauté vraiment sauvages. Hertel et le baron de Castin s'emparent du fort de la baie de Casco et détruisent l'établissement anglais.

Frontenac essayait en vain de détacher les Cinq Nations du parti anglais; il réussit du moins à coaliser contre elles la plupart des autres peuplades du Canada et du Maine. A ce mouvement les Anglais répondirent par la confédération de toutes les colonies. Le congrès se réunit dans l'état de Massachusetts, et l'on résolut d'attaquer le Canada par terre, du côté de Montréal, et par mer, du côté de Québec. D'abord, comme nous le raconterons en faisant l'histoire de cette colonie, ils s'emparèrent de l'Acadie.

« Quant à l'expédition par terre, » dit un historien du Canada, « soit insuffisance de moyens, soit ineptie, désaccord ou trahison, elle n'eut pas lieu. D'ailleurs, elle aurait rencontré sous les murs de Montréal une rude réception. Les Français avaient, nous l'avons vu, renoué leurs alliances avec les Peaux-Rouges. Frontenac vivait donc en sécurité à cet égard, et il s'apprêtait à regagner Québec, lorsqu'un messager indien arrivant des bords de la Piscataqua vint lui annoncer qu'une flotte anglaise quittait Boston, forte de 34 bâtiments, sous les ordres de

Phipps. Le commandant valait ses équipages; tous manquaient d'expérience et faisaient de tristes marins. Faute de pilotes, ils perdirent un temps précieux sur le Saint-Laurent, et quand, arrivés en vue de Québec, ils jetaient l'ancre devant Beauport, Frontenac était dans la place et en mesure de les recevoir. La sommation de se rendre fut accueillie par des huées. Il ne restait plus aux braves citoyens du Massachusetts qu'à se rembarquer, ce qu'ils firent. Au retour, la tempête dispersa ou brisa leurs vaisseaux », et ainsi finit la grotesque expédition du Bostonien Phipps. Repoussés du Canada, les colons de la Nouvelle-Angleterre se bornèrent désormais à défendre leurs frontières, et l'Acadie, en 1692, redevint française.

La paix de Ryswick (1697) suspendit pour quelque temps les hostilités, et en 1700, les Iroquois, auxquels Frontenac avait infligé de cruels châtiments, annoncèrent leur intention de mettre bas les armes. Un traité de paix fut signé, et chaque nation indienne, en guise de signature, apposa sur le parchemin un emblème particulier : les Senecas et les Onondagas dessinèrent un lézard; les Cayugas, un calumet; les Oneidas, une fourche; les Mohawks, un ours. Toutefois, un point intéressant ne fut pas éclairci par ce traité : les Cinq Nations formaient-elles une confédération indépendante? Étaient-elles soumises à la souveraineté de l'Angleterre ou à celle de la France? Frontenac résolut la question selon les intérêts de la colonie, et il envoya un parti prendre possession de Détroit, situé en territoire iroquois. C'était une position unique, clef des Lacs, trait d'union entre la vallée du Saint-Laurent et le bassin du Mississipi. Un fort fut construit, un village s'éleva; des Hurons, suivis de leurs amis les Ottawas, vinrent planter leurs wigwams autour du drapeau français; les colons affluèrent, et Détroit, en même temps qu'un point stratégique de premier ordre, fut bientôt un établissement commercial d'une réelle importance.

Cependant, la guerre, après cette courte trêve consentie à Ryswick, allait reprendre dans l'ancien monde, puis dans le nouveau, où elle se répercutait comme un écho.

Tandis que, cette fois, le marquis de Vaudreuil, alors gouverneur du Canada, avait réussi à obtenir la neutralité des Iroquois, les Anglais ne furent pas aussi heureux avec les Abenakis. Ceux-ci leur firent des promesses de paix et, sitôt les Anglais rassurés, ils tombaient dans le Massachusetts, le New-Hampshire, le Maine, mettant tout à feu et à sang. En 1704, 200 Français et Indiens s'emparent de Deerfield, emmènent en captivité tous les habitants.

Le ministre Bolingbroke, qui portait alors le nom de Saint-John, faisait tous ses efforts pour aider les colonies anglaises à s'emparer du Canada : « Cette conquête est mon œuvre, écrivait-il en 1711, et je prends un intérêt tout paternel à son succès. »

En attendant les secours qui lui étaient promis, la confédération anglaise avait fait des levées de troupes assez considérables et se disposait à unir ses efforts à ceux de la métropole. « C'était le moment où la législature de l'État de New-York représentait énergiquement à la reine Anne les progrès de la France. Il est notoire, disait l'adresse, que les Français peuvent remonter par eau de Québec à Montréal. De là, par la rivière et les lacs, ils peuvent aller prendre à dos toutes les plantations de

Votre Majesté, sur le continent jusqu'à la Caroline. Dans

Fig. 30. — Indiens couverts de fourrures et d'ornements.

cette vaste étendue de pays vivent plusieurs nations indiennes très considérables. Ils leur envoient continuellement des prêtres et des émissaires chargés de bagatelles et de jouets avec lesquels ils gagnent leur faveur. Ensuite, ils dépêchent des commerçants, puis des soldats, et enfin ils bâtissent des forts. On encourage les garnisons à se marier, à vivre, à s'incorporer parmi les nations. On peut aisément conclure de ces faits que, la paix faite, les Français enverront dans ce but, chez les Indiens, leurs soldats licenciés. »

La paix paraissait donc plus redoutable que la guerre aux colonies anglaises : en 1711, une expédition fut décidée. Elle comprenait 15 bâtiments de guerre et 40 transports, montés par sept régiments et un bataillon d'infanterie de marine ; elle arriva à Boston le 25 juin, et s'y renforça des contingents coloniaux. En même temps, les volontaires du Connecticut, de New-Jersey, de New-York, auxquels se joignirent 600 Iroquois, s'assemblaient à Albany, pour attaquer Montréal. Dans le Wisconsin et sur les bords du Michigan, de nouveaux alliés des Anglais, les Renards, s'apprêtaient à fondre sur les Français.

Bolingbroke se prétendait assuré de conquérir tout le Canada en quelques semaines : « Nous pouvons compter que cette fois, enfin, nous allons devenir maîtres de toute l'Amérique du Nord. » Mais Vaudreuil, alors gouverneur, veillait et avait préparé la défense. « Paroles présomptueuses ! » dit M. de Fontpertuis dans son excellent résumé historique ; « la nouvelle campagne ne devait rien ajouter à la puissance britannique. Le Canada était en mesure d'affronter la lutte avec succès. Vaudreuil avait rappelé aux Onondagas et aux Sénécas la fidélité de la France à respecter les traités conclus avec

eux, et s'était assuré de leur neutralité. Il avait ras-
semblé à Montréal tous nos alliés indiens, et 800 guerriers avaient entonné le chant de guerre. Les sauvages
du nord-ouest paraissaient indécis, mais la prise d'armes

GRAND PAVILLON DE FRANCE
de Satin blanc en broderie
d'or et d'argent

Pavillon

Pavillon

LA POULEINE

Fig. 31. — Navire de guerre du XVIIe siècle.

des Hurons de Détroit les décida. La voix des missionnaires entraînait les Chippeways, et les Abenakis s'en-
fermaient dans Québec. Les femmes elles-mêmes se tenaient prêtes à concourir à la défense commune. La
population entière, pleine de confiance et de résolution,
attendait patiemment les Anglais. »

La flotte ennemie pénétra, non sans peine, dans le Saint-Laurent. Il paraît, au rapport de Bancroft, que sir Hovenden Walker, amiral et chef de l'expédition, n'avançait qu'au milieu des précautions et des appréhensions les plus étranges. Il avait surtout grand'peur de se trouver emprisonné dans les glaces. « Que deviendraient ses vaisseaux? Il ne voyait d'autre ressource, que de les décharger et de les mettre à terre, en sûreté sur des carènes jusqu'au printemps. Le 22 août au soir, un épais brouillard survint avec une forte brise d'est. Sur l'avis unanime des pilotes, on mit en panne, l'avant tourné au sud. La flotte, cependant, continuait de dériver au nord. Au moment où Walker se mettait au lit, son capitaine de pavillon vint l'avertir que la terre était en vue. Sans se déranger, l'amiral lui donna l'ordre de gouverner au nord. Il y avait à bord du vaisseau un homme de sens, Goddard, capitaine d'infanterie. Il courut en toute hâte à la cabine de l'amiral, le suppliant de monter au moins sur le pont, ce que Walker, raillant ses craintes, refusa de faire. Goddard revint : « Au nom du ciel, criat-il, venez sur le pont, ou nous sommes tous perdus. Je vois des brisants tout autour de nous.

« Mettant ma robe de chambre et mes pantoufles, écrivit plus tard cet étonnant amiral, je montai sur le pont et je reconnus la vérité de son dire. » Même à ce moment, pourtant, il répétait avec obstination : « Je ne vois aucune terre sous le vent. » Mais la lune, perçant la brume, lui démontra bientôt son erreur. La flotte était tout près du rivage nord, au milieu des îles Eggs. Il lui fallut bien alors croire les pilotes et il fit immédiatement pousser au large. Seulement, au matin, on s'aperçut du naufrage de huit vaisseaux : 900 hommes avaient péri dans les flots. Un conseil de guerre décida à l'unanimité qu'il était impossible d'aller plus avant, et l'expédition regagna heureusement Boston. »

Sur terre, les armes anglaises, pour n'encourir pas le ridicule, ne furent pas plus heureuses. L'attaque sur Montréal, qui devait être convergente, ne put avoir lieu; Détroit, bloqué par un parti de Renards, fut promptement délivré par les Indiens alliés des Français, et parmi lesquels figuraient des nations nouvellement conquises par les missionnaires : Illinois, Sacs, Potawatomies, Missouris, Osages.

La paix d'Utrecht empêcha les Français de tirer parti d'une situation où tous les avantages se trouvaient de leur côté; bien plus, il fallut laisser à l'Angleterre Terre-Neuve, l'Acadie, la baie d'Hudson, et sortir diminués d'une lutte où il n'y avait eu, en somme, ni vaincus ni vainqueurs.

CHAPITRE IX.

Guerre de 1744. — Prise de Louisbourg. — Le Saint-Laurent relié au Mississipi par une ligne de forts. — L'Ohio. — Jumonville et Washington. — Franklin et le Canada. — Braddock est battu sur l'Ohio.

Ce traité d'Utrecht, tout défavorable qu'il était à la France, aurait dû au moins avoir pour conséquences, dans l'Amérique du Nord, la paix entre les deux nations rivales. Il n'en fut rien, et son application même fut une nouvelle cause d'hostilité. Trop d'intérêts étaient engagés pour que la délimitation des frontières pût se faire sans qu'il y eût du sang de répandu.

Comme les frontières n'étaient indiquées que d'une façon très sommaire, les Anglais, très envahissants, cherchaient à pousser, de-ci de-là. des pointes en territoire français. Mais ils furent fermement repoussés : il ne leur resta aucun établissement dans le bassin du Saint-Laurent, et la France maintenait, avec une égale fermeté, ses droits sur la Louisiane.

Nous n'avons pas à relater ici les luttes dont fut témoin la vallée du Mississipi. Au Canada, les hostilités traînèrent jusqu'en 1744, époque à laquelle Louis XV déclara la guerre à l'Angleterre.

Pour la troisième fois, les colonies anglaises organisèrent une expédition maritime contre la Nouvelle-France.

Cette fois, l'objectif était Louisbourg, dans l'île Royale ou du Cap-Breton. Un historien du Canada a fait, d'après Bancroft, un pittoresque récit de cette nouvelle campagne : « New-York envoya de l'artillerie; la Pensylvanie, des provisions. Le Massachusetts, le Connecticut et le New-Hampshire fournirent les hommes. Toutes ces forces réunies s'élevaient à 4,000 hommes. On avait demandé au commodore Warren, qui stationnait aux îles Sous-le-Vent, le concours du plus grand nombre possible de ses vaisseaux. Mais, en l'absence d'ordres venus d'Angleterre, il crut devoir s'abstenir, et la petite armée, abandonnée à elle-même, se réunit à Canseau, petite île au nord-est de l'Acadie, sous le commandement suprême de Guillaume Pepperel, marchand du Maine.

« Bancroft a tracé une peinture piquante de cette armée improvisée. L'un proposait un équipage de ponts volants à l'aide desquels on escaladerait les murailles même avant l'ouverture de toute brèche; un autre avait trouvé un préservatif contre les mines; un troisième offrait à son général, aussi peu familier que lui avec la guerre, un projet de campement, d'ouverture des tranchées, de placement des batteries. Le gros du corps expéditionnaire était composé de pêcheurs, qui avaient emporté avec eux leurs instruments de pêche dans le but d'utiliser les loisirs du siège; d'ouvriers, de bûcherons, de laboureurs, familiers d'ailleurs avec les armes à feu et les surprises nocturnes des Indiens; de gens d'église qu'accompagnaient généralement leurs femmes et leurs enfants. Les glaces du cap Breton chassaient en telles masses qu'elles rendaient les côtes inaccessibles, et retinrent plusieurs jours la flottille de la Nouvelle-Angleterre à Canseau. Tout à coup, par un ciel clair et un soleil brillant, l'escadre du commodore Warren apparut. Le lendemain, neuf vaisseaux amenaient les forces du Connecticut.

« Le 30 avril, l'expédition arrivait en face de Louisbourg. C'était une place ceinte de hautes murailles, de fossés profonds, bastionnée et pourvue d'une nombreuse artillerie. Deux batteries défendaient le port : l'une, placée sur une île et forte de 30 obusiers ; l'autre, sur le rivage, dite la batterie Royale, et armée de 30 canons de gros calibre. Les assiégeants n'avaient que 18 canons et 3 mortiers. Ils opérèrent avec succès leur débarquement, et poussant vivement les Français, ne s'arrêtèrent que devant la ville. Un de leurs détachements prenait position le lendemain au nord-ouest du port. Pris de panique, les défenseurs de la batterie Royale l'abandonnèrent, enclouant leurs canons. Le lendemain, les Français essayaient vainement de la reprendre. Ignorants de toute règle de l'art militaire, les assiégeants n'avaient ni tracé de zig-zags, ni élevé d'épaulements. Instinctivement, cependant, ils dressèrent des batteries revêtues de fascines. Pour les armes, il fallut, à raison du terrain impraticable aux voitures, mettre les pièces sur des traîneaux que les soldats, enfonçant dans la boue jusqu'aux genoux, traînaient à l'aide de bricoles. Le siège marchait ainsi à l'aventure. Les hommes connaissaient mal la stricte discipline ; ils n'avaient pas de campement régulier ; dépourvus de tentes pour s'abriter des brouillards et des rosées, ils logeaient dans des cabanes faites de gazon et de branchages, couchaient sur la terre. Le temps, cependant, était beau, et l'atmosphère, ordinairement chargée de brumes épaisses, demeura tout le temps du siège singulièrement sèche. Quand ils n'étaient pas de service, les hommes passaient tout le jour en amusement, tirant à la cible, pêchant, chassant, et ramassant les projectiles ennemis. »

Le siège, comme on le pense bien, traîna fort en longueur. Malheureusement les Français n'étaient pas en nombre pour faire une sortie, qui eût facilement déblayé la place ; la garnison ne comptait que 600 soldats réguliers et un millier environ de miliciens. Il faut ajouter que le commandant, du Chambon, fit mal son devoir. Lorsqu'il capitula, le 17 juin 1745, la situation était loin d'être désespérée : huit jours de plus, et les secours envoyés de France arrivaient à temps pour ravitailler la place et chasser les miliciens anglais. Ceux-ci n'eurent guère à se louer de leur victoire de hasard. Les pertes qu'ils subirent furent très cruelles, grâce à leur inexpérience, et deux ans plus tard le traité d'Aix-la-Chapelle nous rendait Louisbourg.

La paix, observée en Europe, ne le fut guère dans l'Amérique du Nord. C'étaient toujours des contestations de frontières. Il avait été stipulé que les deux pays reprendraient le *statu quo*, et les Anglais, profitant du vague d'un tel article, élevaient les plus étonnantes prétentions. Le gouverneur, M. de la Galissonnière, pendant que la commission des frontières se perdait en discussions rendues vaines par la mauvaise foi des Anglais, prit les précautions nécessaires pour enfermer le Canada dans une vraie ceinture de défense et le relier solidement à la Louisiane. Il fit construire deux forts sur l'isthme d'Acadie; le fort des Gaspareaux et le fort Beauséjour; sur le Saint-Laurent, entre Montréal et le fort Frontenac, s'éleva le fort de la Présentation, qui devait maintenir les Iroquois; enfin, le fort Frontenac fut relié à Détroit par le fort de Toronto. Il y eut dès lors, entre le Saint-Laurent et le Mississipi, une grande ligne de postes militaires qui assuraient la communication entre les deux parties de nos possessions : Québec, Montréal, la Présentation, Frontenac, Toronto, Détroit, les Miamis, Saint-Joseph, Chicago, Crèvecœur, Chartres. En même temps, la ligne de l'Ohio était fortifiée de façon à empêcher les Anglais de franchir les Alleghanys.

La Galissonnière, après la défense, réorganisa la milice, qu'il

Fig. 32. — Les hommes se livraient au plaisir de la pêche.

porta à 12,000 hommes. Ce fut sa dernière œuvre. Son successeur, à un an d'intervalle, le marquis du Quesne, trouva donc une milice plus nombreuse et des forts moins espacés ; mais l'armée régulière était dans le plus triste état. D'après sa correspondance avec le ministre de la marine, on voit que les officiers font les mutins, que les soldats sont indisciplinés, que l'impunité règne même pour des fautes graves, que le service est négligé. Ce ne fut pas sans peine qu'il fît de l'armée ce qu'elle devait être, du moins en apparence, car il y avait bien du rebut dans les bataillons qu'on envoyait aux colonies.

Pour compléter la ligne de l'Ohio, du Quesne ordonna la construction d'un nouveau fort, auquel son nom fut donné, et dans le même temps qu'il chargeait de cette expédition M. de Contrecœur, le gouverneur de la Virginie, Dinwiddie, envoyait au même point, avec le même ordre, un jeune homme dont on ne soupçonnait guère alors les étonnantes destinées, Georges Washington, major dans les milices de la Virginie.

Les Français bâtirent leur fort, qui est aujourd'hui la ville de Pittsbourg, sans être autrement inquiétés par les Anglais, qui s'étaient contentés d'observer les lieux et noter l'endroit où un fort pouvait être élevé pour battre en brèche le fort français.

Dinwiddie renvoya Washington l'année suivante, et l'avant-garde du détachement construisit sur l'Ohio un petit fort, qui fut aussitôt enlevé par les Français. M. de Contrecœur chargea ensuite un de ses officiers, M. de Jumonville, de porter aux Anglais une sommation de se retirer, attendu qu'ils étaient sur le territoire français. Venu en parlementaire, Jumonville fut traité en ennemi, son escouade cernée traîtreusement, et lui-même tué au commandement de Washington, qui fit feu le premier.

Washington chercha plus tard à expliquer un acte qui pesait sur sa renommée, et il dit dans ses lettres qu'il regardait les frontières de la Nouvelle-Angleterre comme envahies par les Français, et que la guerre lui semblait déclarée, ajoutant quelques autres raisons insuffisantes pour justifier une telle agression. M. Dussieux, dans son *Histoire du Canada sous la domination française*,

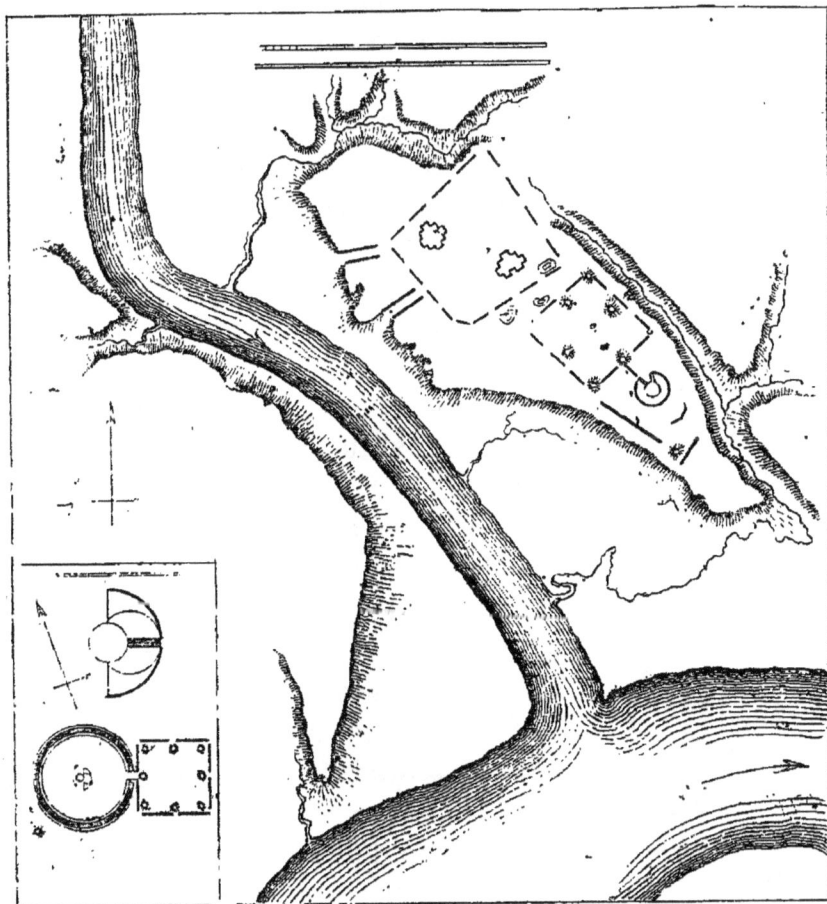

Fig. 33. — Ancienne fortification de l'Ohio.

prononce même le mot d'assassinat et appuie cette assertion d'une quantité de documents que nous lui empruntons. D'abord, la lettre de M. de Contrecœur au gouverneur du Canada :

« A sept heures du matin, ils furent entourés. Deux décharges de mousqueterie furent tirées sur eux par les Anglais. M. de Jumonville les invita par un interprète à s'arrêter, ayant quelque chose à leur dire. Le feu cessa. M. de Jumonville fit lire la sommation que j'avais envoyée pour les prévenir de se retirer. Les sauvages qui étaient présents dirent que M. de Jumonville fut tué par une balle qu'il reçut à la tête, tandis qu'il écoutait la lecture de la sommation, et que les Anglais auraient sur-le-champ taillé en pièces toute la troupe, si les sauvages ne les en avaient pas empêchés en s'élançant devant eux. »

Du Quesne écrit au ministre : « J'ai infiniment pris sur moi de ne pas mettre tout à feu et à sang après l'acte d'hostilité indigne commis sur le détachement du sieur de Jumonville. » Dans une autre pièce, on trouve que les nommés J.-B. Berger et Joachim Parent, Canadiens, faits prisonniers par les Anglais et renvoyés en France en 1755, « confirment toutes les circonstances de l'assassinat du sieur de Jumonville par les Anglais ». Dans le rapport au ministre de M. de Vaudreuil, successeur du marquis du Quesne, on retrouve ce même mot d'assassinat ; il semble que l'opinion fût unanime. « Cette déplorable affaire, continue M. Dussieux, eut un grand et long retentissement. En 1759, Thomas publiait un poème en quatre chants, sous le titre de *Jumonville*, dans lequel il racontait l'événement selon les traditions que nous venons de faire connaître. »

Enfin, le 28 juin, M. de Contrecœur envoya M. de Villiers, frère de Jumonville, avec 600 Canadiens et 100 sauvages, venger la mort de son frère et repousser l'ennemi ; sa commission était ainsi conçue :

« Il est ordonné au sieur de Villiers, capitaine d'infan
terie, de partir incessamment avec le détachement fran
çais et sauvage que nous lui confions, pour aller à l.
rencontre de l'armée anglaise. Lui ordonnons de les at·
taquer s'il voit jour à le faire, et de les détruire même
en entier, s'il le peut, pour les châtier de l'assassinat
qu'ils nous ont fait en violant les lois les plus sacrées des
nations policées.

« Malgré leur action inouïe, recommandons au sieur
de Villiers d'éviter toute cruauté, autant qu'il sera en
son pouvoir, » etc.

Villiers, qui avait à cœur de venger son frère, conduisit
l'affaire avec énergie. Il s'agissait de s'emparer du fort
de la Nécessité, défendu par 500 Anglais et 9 pièces de
canon. « Au bout de dix heures de combat et malgré une
pluie torrentielle, notre mousqueterie força l'artillerie
anglaise à cesser son feu. Les Anglais, qui avaient eu
90 hommes tués ou blessés à mort et beaucoup de blessés,
se décidèrent à capituler. L'article VII de la capitulation
accordée au major Washington, et signée de son nom,
débute ainsi : « Que comme les Anglais ont en leur pouvoir un officier, deux cadets et généralement les prisonniers qu'ils ont faits dans l'*assassinat* du sieur de Jumonville, etc. »

Il faut remarquer, à la décharge de Washington, que,
dans cette triste affaire, il remplissait un service commandé et que la plus grande part de responsabilité revient au gouverneur de la Virginie, Dinwiddie.

Pendant ces événements, les belligérants faisaient de
grands préparatifs, demandaient et recevaient des renforts de leurs métropoles. Franklin, consulté en Angleterre, s'était prononcé avec violence contre toute tempo-

risation, dit Sainte-Beuve en analysant ses mémoires :
« Il ne vit point M. Pitt, ministre, qui était alors un
personnage considérable et peu accessible; mais il com-
muniqua avec ses secrétaires et ne cessa d'insister auprès
d'eux sur la nécessité et l'urgence d'enlever à la France
le Canada, indiquant en même temps les voies et moyens
pour y réussir. Il écrivit même une brochure à ce sujet.
Prendre et garder le Canada, c'était pour lui la conclu-
sion favorite, comme de détruire Carthage pour Caton...
Il avait le sentiment des destinées croissantes et illimi-
tées de la jeune Amérique; il la voyait du Saint-Laurent
au Mississipi, peuplée d'Anglais en moins d'un siècle.
Mais si le Canada restait à la France, ce développement
de l'empire anglais en Amérique serait constamment
tenu en échec, et les races indiennes trouveraient un
puissant auxiliaire toujours prêt à les rallier en confédération et à les lancer sur les colonies. »

Le résultat de la bataille définitive devait être bien
différent de celui que prévoyait Franklin : ce ne sont
pas les Français, mais les Anglais qui devaient demeurer
en Amérique les ennemis de la colonie émancipée.

A la fin de 1755, nous avions au Canada 7,000 hommes
de troupe, dont 2,800 soldats, le reste composé de miliciens et sauvages, sous le commandement du baron
Dieskau. Les Anglais étaient forts de plus de 15,000 hommes. Leur première attaque fut contre la partie de
l'Acadie demeurée française, en deçà de l'isthme; nous
racontons cet épisode dans les deux chapitres qui sont
spécialement consacrés à l'Acadie.

Dans la vallée de l'Ohio, le sort nous favorisa d'abord :
« Nous avons été battus, battus honteusement, par une
poignée de Français, » écrivait Washington, dont le cou-

rage assura la retraite des débris de l'armée anglaise.
Sur 2,000 hommes, Braddock, qui commandait l'ennemi,
en perdit 1,300 et 13 officiers sur 80. Notre victoire fut
suivie d'une incursion de sauvages qui coururent les colonies anglaises « en levant des chevelures sur l'Anglais ».
On estime qu'ils massacrèrent plus de mille colons, et
leur présence, qui jetait dans le pays une incroyable
terreur, paralysait complètement les relations et le commerce intérieur. Il y eut dans le même temps une autre
rencontre auprès du lac Champlain, où nous fûmes moins
heureux, mais les Anglais ne surent pas profiter de leur
victoire, et l'hiver suspendit pour quelques mois les
hostilités.

CHAPITRE X.

Les renforts qui arrivèrent à Québec le 13 mai 1757 étaient sous les ordres du marquis de Montcalm. M. d'Argenson l'avait spécialement recommandé au roi, et il devait diriger les opérations dans l'Amérique du Nord et prendre le commandement général avec le titre de maréchal de camp.

Montcalm, qui avait alors quarante-cinq ans, était né au château de Candiac, près de Nîmes, d'une ancienne famille dont on disait dans le pays : « La guerre est le tombeau des Montcalm. » Élevé par un maître qui possédait les langues classiques et savait les enseigner, il avait conservé le goût des lettres et, tout en faisant campagne, il apprenait l'allemand et lisait, dans le texte, les historiens grecs. Il avait pris part aux guerres de son temps, et comptait déjà quatre campagnes lorsqu'il fut appelé à commander au Canada. C'était encore un inconnu, et il ne devait rencontrer la gloire que sur le chemin de la mort.

18

Son aide de camp et son lieutenant devaient comme lui rendre leurs noms illustres : Bougainville, alors capitaine de dragons, par ses voyages, et le chevalier de Lévis, plus tard maréchal de France, par l'héroïsme de sa conduite après la mort de son chef.

Avec les troupes qui arrivèrent quelques mois plus tard, en comptant les marins, les milices et les Indiens, Montcalm réunit sous ses ordres environ 7,000 hommes, dont les trois quarts devaient rester couchés sur ce sol qu'ils défendraient en vain. Les forces de l'ennemi finirent par s'élever, à la suite de renforts successifs, au chiffre officiel de 60,000 hommes, auxquels il fallait tenir tête sur une frontière de plusieurs centaines de lieues. « Étonnantes campagnes, » dit M. de Bonnechose dans son excellente étude sur Montcalm, « dont aucune guerre d'Europe ne donne l'idée! Pour théâtre, des lacs, des fleuves, des forêts sans limites succédant à d'autres lacs, à d'autres forêts, à d'autres fleuves. Pour adversaires, des troupes étranges, où le *highlander* écossais et le grenadier de France qui porte la queue et l'habit blanc combattent près de l'Iroquois et du Huron à la plume d'aigle. Tantôt la hache à la main, le fusil en bandoulière, les soldats de ces armées cheminent sous bois, tantôt ils portent à bras, au delà des rapides écumants, les bateaux où ils se rembarquent, et l'hiver, des raquettes aux pieds, la peau d'ours au dos, ils suivent sur la neige des traîneaux de campagne attelés de grands chiens. Guerre remplie de surprises, de massacres, de combats corps à corps, dans laquelle les décharges de l'artillerie et le roulement des tambours répondent aux hurlements des Peaux-Rouges et au grondement des cataractes. La guerre du Canada a deux phases : la première, presque offensive, de 1756 à 1758; la seconde, toute défensive et

Fig. 34. — Le marquis de Montcalm

de désespoir, de 1758 à 1760. Le théâtre des opérations se déplaça avec la fortune : la frontière fut le premier champ de bataille; puis, quand cette ligne fut forcée par

l'invasion, le Saint-Laurent, dans toute sa longueur,
devint le témoin de la lutte. »

Les Anglais avaient bâti presque en face du fort Frontenac
un fort nommé Chouegen, qui les mettait, dit un mémoire
du temps, « à même d'entraver le commerce des lacs, que
les Français n'avaient partagé jusque-là avec aucune nation européenne, et qui formait leur principale richesse.
De là, il était facile de couper la colonie par le centre et
d'arrêter immédiatement toutes ses communications avec
les postes qui en dépendent. Tous les pays d'en haut et la
Louisiane entière se trouvaient ainsi complètement isolés.
Les tribus sauvages de ces contrées, parmi lesquelles les
Français comptaient des amis nombreux et fidèles, ne
pouvaient plus se concerter avec elle, et le Canada devenait une conquête facile. »

Il s'agissait de s'emparer de cette place ; ce fut la première opération de Montcalm. Il avait affaire à plus de
12,000 hommes de troupes ennemies, que le général
anglais, comte de Loudon, avait rassemblées à Albany.
Ne pouvant songer à les affronter, il trompe par une
manœuvre habile son adversaire, qui le croit à Carillon,
sur le lac Champlain, pendant qu'il se porte rapidement
à Frontenac.

Le siège fut mené d'un train rapide, et, son commandant tué, la place capitula : « Ils se sont rendus prisonniers de guerre au nombre de 1,700, dont 80 officiers,
deux régiments de la vieille Angleterre, » écrit Montcalm
à sa mère. « Je leur ai pris 5 drapeaux, 3 caisses militaires d'argent, 121 bouches à feu, y compris 45 pier-
riers, un amas de provisions pour 3,000 hommes pendant
un an, 6 barques armées et pontées depuis 4 jusqu'à
20 canons. Et comme il fallait, dans cette expédition,

user de la plus grande diligence pour envoyer les Canadiens faire les récoltes et ramener les troupes sur une
autre frontière, du 15 au 21, j'ai démoli ou brûlé leurs

Fig. 35. — Canot porté à bras.

trois forts et emmené artillerie, barques, vivres et prisonniers. »

Dans cette expédition, les Indiens avaient été d'un
grand secours à Montcalm, qui, du premier coup, avait
réussi à gagner leur confiance. D'ailleurs, il suffisait d'être
Français et loyal pour être ami des sauvages. Cette sympathie était si profonde, qu'elle survécut à la domination

de la France, selon la remarque qu'en fit le voyageur anglais Isaac Weeds en 1797 : « La nature, dit-il, semble avoir implanté dans le cœur des Français et des Indiens une affection réciproque : ils s'associent dans leurs travaux, et vivent sur le pied le plus amical. C'est à cette circonstance plus qu'à toute autre cause que l'on doit attribuer le prodigieux ascendant que les Français ont eu sur les Indiens, tant qu'ils ont été maîtres du Canada.

« C'est une chose étonnante et bien digne de remarque que, malgré les présents considérables distribués chaque année aux Indiens du haut Canada par les Anglais, malgré le respect religieux que ceux-ci ne cessent d'avoir pour leurs usages et leurs droits naturels, un Indien qui cherche l'hospitalité préfère, même aujourd'hui, la chaumière d'un pauvre fermier français à la maison d'un riche propriétaire anglais. »

Plus que nul autre général français, Montcalm sut utiliser ces alliés, que les Anglais appelaient, avec un mépris où il y avait de la terreur, « les chiens de guerre des Français ».

Et ce mot était assez juste : « Jamais, en effet, » remarque M. de Bonnechose, « service d'éclaireurs ne fut exécuté comme celui des Peaux-Rouges aux sens subtils et aux ruses inouïes. Guides incomparables à travers les forêts, aussi bons rameurs que pilotes, excellents tireurs, et terribles le casse-tête ou la hache en main, ils marchaient en campagne sous les ordres d'officiers français, et, dans l'intervalle des opérations militaires, ils poussaient sur le territoire ennemi des pointes hardies. Mais Montcalm n'ignorait pas davantage combien de si braves soldats étaient parfois indisciplinés; enfants indociles d'Onnonthio (1), n'obéissant qu'à leur heure et toujours tentés de faire dans les bois l'école buissonnière. Les plans de campagne en étaient souvent entravés, « car, écrit Bougainville, ces peuples indépendants et dont le secours est purement volontaire exigent qu'on les consulte, qu'on leur fasse part de tout, et souvent leurs opinions et leurs caprices sont une loi pour nous. »

Fig. 36. — Indiens attaquant des postes anglais.

Durant toute la campagne, Montcalm tira de leur alliance le plus grand secours, et lui seul avait assez d'autorité sur eux pour vaincre jusqu'à leurs superstitieuses habitudes de guerre.

Cependant l'hiver était venu, rendant impossible toute opération militaire, et, en dépit de la situation critique,

(1) On avait dit aux sauvages que le nom de M. de Montmagny, successeur de Champlain, signifiait *Grande Montagne;* ils traduisirent ces mots en leur langue et n'appelèrent jamais le gouverneur ou le généralissime, quel qu'il fût, qu'Onnonthio.

on s'amusait à Québec, à Montréal, partout où il y avait quelques officiers. « Pour ma part, » écrit Montcalm à sa femme, « trois grands beaux bals jusqu'au carême. Outre les dîners, de grands soupers de dames trois fois la semaine. » Puis ce sont des concerts, des soirées improvisées. On soupe à deux heures après minuit, et après on danse encore. A Montréal, où la société féminine était peu nombreuse, on jouait, et les jours monotones de l'hiver passaient ainsi.

Les Indiens, pourtant, ne se reposaient pas, « levant des chevelures, » poussant des pointes aux alentours des postes anglais. Les Iroquois eux-mêmes furent gagnés à la France, et envoyèrent à Montréal une grande ambassade, à l'occasion de laquelle on tint un grand conseil de toutes les nations alliées. « Cette assemblée, » écrit Montcalm, « est la plus mémorable qu'il y ait jamais eue au Canada, tant par le nombre de ses membres et la nature des objets qui se sont agités, que pour les bonnes dispositions dans lesquelles les Cinq Nations iroquoises ont paru être. Non seulement leurs ambassadeurs s'engagèrent à garder la neutralité, mais encore ils foulèrent aux pieds les médailles des Anglais. »

Au printemps de 1757, les flottilles reprirent le cours des fleuves, sillonnèrent les lacs, et les troupes furent concentrées sous les remparts du fort Carillon. Jamais on n'avait réuni autant de sauvages : il y en eut plus de 2,000, qui rallièrent le drapeau français. Afin de les retenir près de lui au milieu de ces déserts, Montcalm les convoqua en assemblée générale.

La scène fut des plus pittoresques, et le récit, emprunté aux lettres privées du général, n'en sera point déplacé ici.

Montcalm se leva, et à la fin de son discours, s'inspirant des usages des Indiens, il montra à l'assemblée un collier symbolique formé d'innombrables grains de coquilles. « Pars, m'a dit notre roi, va au delà de la grande eau salée défendre mes enfants et les rendre heureux et invincibles. » Ce collier, que je vous offre de sa part, est le gage sacré de ma parole, et la cohésion de ses grains est l'image de notre union et de notre force. » L'orateur lança aux pieds des chefs le collier de *wampum*. Un guerrier ottawais, appelé Pennahoël, porteur d'une médaille avec le portrait de Louis XV sur une face et les groupes de Mars et Bellone sur l'autre, releva le collier et le présentant aux assistants : « Voilà maintenant, » dit-il; « un cercle est tracé autour de nous par notre grand-père (le roi). Malheur à qui en sortira! Le maître de la vie le châtiera. Que cette malédiction ne retombe jamais sur toutes ces nations sœurs qui veulent former ici une union que rien ne puisse rompre! » Un murmure approbateur couvrit ces dernières paroles. Puis, du sein de la foule frémissante, une voix, sur un rythme lent et d'un accent guttural, entonna cette invocation aux esprits tutélaires : « Manitous, vous tous qui êtes dans les airs, sur la terre et sous nos pieds, détruisez nos ennemis, livrez-nous leurs dépouilles et ornez nos cabanes de leurs chevelures ! »

L'objectif de l'expédition était le fort William-Henry, qui commandait la vallée de l'Hudson et le lac Champlain.

Après une première escarmouche où la flottille des Indiens avait attaqué et dispersé les embarcations anglaises, le siège commença le 3 août. « Malgré sa garnison de 2,500 hommes, ses 40 canons et son camp retranché, » dit l'historien de Montcalm, qui ne fait qu'analyser le journal de Bougainville, « la place ne pouvait résister. Mais au fort Édouard, à quelques heures de marche vers Albany, le général Webb commandait 6,000 hommes : d'heure en heure, le vieux Munro, le défenseur de William-Henry, écoutait si le canon ne grondait pas sur la route d'Hudson : de ce côté, les bois restaient silencieux. Une lettre cachée dans une balle creuse fut découverte sur un courrier tué par les Peaux-Rouges : elle était écrite par Webb pour informer son frère d'armes de ne pas attendre son secours, et pour l'engager à capituler sans scrupule. Munro était perdu. Montcalm lui écrivit aussitôt : « Monsieur, un de mes partis, rentré hier au soir avec des prisonniers, m'a procuré la lettre que je vous envoie, par une suite de la générosité dont je fais profession vis-à-vis de ceux avec qui je suis obligé de faire la guerre. »

Munro capitula le 9. Près de 3,000 prisonniers tombèrent aux mains de Montcalm qui, ne sachant comment les nourrir, prit le parti de les renvoyer chez eux, sous serment de ne pas servir contre la France pendant dix-huit mois. Les Anglais, qui avaient des Indiens la plus profonde terreur, crurent se les concilier en leur versant force rasades de rhum. Mal leur en prit. La férocité des sauvages s'éveilla dans l'ivresse ; comme les prisonniers quittaient le fort, 2,000 indigènes se jetèrent sur eux en vociférant, et en massacrèrent quelques-uns, car presque tous purent trouver à temps un refuge dans les remparts.

Quelques écrivains anglais, voulant sans doute trouver à toute force une contre-partie au meurtre de Jumonville, accusèrent Montcalm d'avoir fait froidement assassiner ses prisonniers. Mais Dussieux, Bonnechose, Bancroft lui-même, peu favorable aux Français, ont fait bonne justice de cette calomnie. Voici, d'après un témoin oculaire, M. de Malartic, un des officiers de l'état-major, ce qui se passa exactement :

« Le 10 août, M. le chevalier de Lévis a fait partir les Anglais à six heures du matin, escortés par un détache-

Fig. 37. — Entrevue de Munro et de Montcalm.

ment des troupes régulières, les officiers attachés aux sauvages et tous les interprètes : ils n'ont pas fait une demi-lieue que les sauvages ont couru après eux, en ont tué quelques-uns, pris beaucoup, presque tous dépouillés, ont tué un soldat et blessé trois qui voulaient s'opposer à leur cruauté. M. de Montcalm y a accouru avec presque tous les officiers, leur a arraché tous les Anglais qu'il leur a vus, a fait rentrer dans le fort tous ceux qui avaient échappé à leur fureur et revenir tous ceux qui ne pouvaient gagner le fort Édouard sans danger. »

D'ailleurs, les prisonniers avaient gardé leurs armes, et ils auraient pu se défendre, mais la peur qu'ils avaient des Indiens paralysait leurs mouvements : ce fut un véritable cas de fascination par la crainte. Les Indiens firent plus de 600 prisonniers : Montcalm en racheta 400 et le reste, conduit à Montréal, fut mis en liberté par le gouverneur, M. de Vaudreuil.

La prise du fort William-Henry ouvrait la route de l'Hudson. Si Montcalm eût eu des vivres en suffisance, qui sait le parti qu'il aurait tiré de sa victoire? Le Canada, en réalité, fut perdu par la mauvaise administration civile, surtout par les concussions de l'intendant Bigot : la famine devint l'alliée des Anglais. M. Dussieux a fait sur ce côté de l'histoire de la Nouvelle-France de patientes recherches qu'on nous saura gré de mettre à profit. C'est lui qui le premier a mis en lumière des faits sans lesquels il y aurait, dans les hésitations d'un homme aussi résolu que Montcalm, quelque chose d'impossible à comprendre.

Le Canada coûtait au trésor environ un million par an; mais depuis la guerre, les dépenses, qui dépassèrent 6 millions en 1755, 11 millions en 1756, allaient s'élever en 1757 à la somme de 19 millions. Cette augmentation était, en grande partie, le résultat des malversations de l'intendant Bigot. « Pour lui, la guerre, la famine, la désolation de la colonie ne furent que des circonstances heureuses, qui lui permettaient de spéculer, de gagner de l'argent et de voler impunément l'État. » Il avait pour complice principal un munitionnaire ou fournisseur général des vivres, nommé Cadet, et son crédit s'appuyait

Fig. 38. — Munro à la tête de ses troupes quitte le fort William-Henry.

sur le trop faible M. de Vaudreuil qui, d'ailleurs, jalousait
Montcalm et ne tenait aucun compte des réclamations
du général en chef. Les protestations des officiers supérieurs sont unanimes. Doreil, commissaire ordonnateur
des guerres, signale un protégé de Bigot, qui en huit ans

Fig. 39. — Anglais massacrés par les Indiens.

fit une fortune de 3 à 4 millions. Cet officier d'intendance
s'appelait Péan. Vaudreuil, abusé, disait de lui : « C'est
l'officier qui connaît le mieux cette colonie, et c'est en
lui que j'ai le plus de confiance. »

C'est dans le procès fait en 1763 à Bigot et à ses com-
plices qu'il faut chercher toute la vérité. Il fut démontré
que Bigot faisait partie de plusieurs sociétés organisées

pour voler l'État. En général, il gagnait 200 à 250 pour 100 sur les fournitures faites à la colonie; en 1757, il revendait 23 millions des vivres qu'il avait payés 11 millions; la même année, il tira encore 12 millions d'une fourniture particulière. Ce qui était pis encore, cette bande de coquins simulait des approvisionnements, de sorte qu'un général partait pour un pays désert, avec un état qui lui mentionnait des vivres existant seulement sur le papier. Pour ces approvisionnements fictifs des forts éloignés de Québec, Bigot se faisait payer des sommes considérables pour frais de transport, ajoutant ainsi au vol l'ironie la plus effrontée.

Avec ce système, les soldats manquaient de tout, non seulement d'équipement et de vivres, mais d'armes, de plomb, de poudre. « Seulement de la poudre! » crie Montcalm. Et le général qui devait mourir pour la Nouvelle-France a un mot bien amer : « Il paraît que tous se hâtent de faire leur fortune avant la perte de la colonie, que plusieurs peut-être désirent comme un voile impénétrable de leur conduite. »

Une autre cause d'affaiblissement pour la colonie fut la mauvaise entente qui ne cessa de régner entre Montcalm et Vaudreuil. Celui-ci, excité par Bigot et sa coterie, ne cessa de desservir le général près du ministre de la guerre, et peu à peu il se forma deux partis au Canada, celui des honnêtes gens, Montcalm, Lévis, Bougainville, Doreil, et celui des prévaricateurs que Vaudreuil couvrait innocemment de sa protection.

Le 2 août 1758, Montcalm écrivit à M. de Vaudreuil pour lui reprocher sa conduite à son égard, et lui montrer les inconvénients graves qui résultaient de l'hostilité existant entre eux et entre les gens de la colonie et les officiers des troupes de terre. Bougainville, envoyé avec ce message auprès du gouverneur, obtint de bonnes paroles et la promesse d'un changement de conduite envers le général. Mais ces dispositions ne durèrent pas, et M. de Vaudreuil retomba sous le joug de la coterie qui l'exploitait avec tant de profit.

Les prévarications de Bigot avaient amené la disette; la mauvaise récolte de 1758 changea la disette en famine. « Le peuple périt de misère; » écrit Doreil le 26 février. « Les Acadiens réfugiés ne mangent depuis quatre mois que du cheval ou de la merluche, sans pain; il en est déjà mort plus de 300. Le peuple canadien a un quart de livre de pain par jour. La livre de cheval vaut 6 sols; on oblige ceux qui sont en état d'en manger de prendre de cette viande par moitié. Le soldat a une demi-livre de pain par jour. « Au mois d'avril, la famine augmentant, on ne donna plus au peuple que 2 onces de pain par jour. Tout était d'une horrible cherté. Au mois de mai, il n'y avait presque plus de pain ni de viande; la livre de bœuf valut alors 25 sols et autant la livre de farine.

Enfin, quelques bâtiments arrivèrent, chargés de vivres, et on put envisager sans terreur le temps qui devait encore s'écouler jusqu'aux prochaines récoltes. Le peuple ne murmurait pas. Il fallait du courage, non pas seulement pour le présent, mais pour l'avenir, qui s'annonçait menaçant. Fatiguées d'être sans cesse repoussées par une véritable poignée d'ennemis, les colonies de la Nouvelle-Angleterre allaient se résoudre à un prodigieux effort. Elles mirent sur pied 60,000 miliciens, dont 30,000 de réserve, et l'Angleterre, à la voix de Pitt, envoya Abercromby avec 22,000 soldats de troupes régulières. C'était presque ridicule. Et pourtant les Anglais devaient encore subir plus d'un échec avant d'entrer en maîtres dans ce pays qu'ils convoitaient depuis si longtemps.

Le Canada, malgré l'énorme disproportion des forces qui allaient être opposées les unes aux autres, ne désespéra pas un instant. Montcalm, qui n'avait pas alors sous la main plus de 5,781 soldats, écrivait : « Nous combattrons, nous nous ensevelirons, s'il le faut, sous les ruines de la colonie. »

CHAPITRE XI.

L'ennemi se proposait d'envahir le Canada par trois points à la fois, « de le dévorer en trois bouchées, » selon le mot de lord Chesterfield : « Il est très certain, » écrivait-il à son fils, le 8 février 1758, « que nous sommes assez forts en Amérique pour manger les Français tout vifs au Canada, si nous savons faire usage de nos forces avec habileté et vigueur. »

Louisbourg devait être attaqué par 16,000 hommes; le fort Carillon, par 20,000; le fort du Quesne par 9,000.

Les opérations commencèrent par le siège de Louisbourg. Défendue par 2,900 soldats, 1,200 sauvages, 2,500 miliciens, bien approvisionnée par les soins de M. de Beaussier, la place aurait pu tenir si la flotte française n'avait pas été si inférieure aux forces que pouvait mettre en ligne l'amiral Boscawen. Son escadre, forte de 24 vaisseaux, 18 frégates, 150 transports, débarqua 15,000 soldats et plus de 100 bouches à feu. D'autre part,

les fortifications de la ville étaient en mauvais état et fort
incomplètes. « Rien dans ce pays, » dit un rapport officiel,
« ne tient contre les rigueurs des saisons. La terre de
Louisbourg, quand elle est sèche, n'a pas plus de consis-
tance que de la cendre; l'air de la mer, joint aux pluies
et aux neiges, détruit toute maçonnerie si elle n'est pas
revêtue de madriers. Il y avait autant à craindre du dé-
tonnement de notre canon que de celui de l'ennemi, et
cette raison a souvent empêché de tirer. »

Le siège, néanmoins, dura plus de deux mois. « M. de
Drucour, le gouverneur, » dit Dussieux, « y déploya la
plus grande bravoure. Mme de Drucour montra également
beaucoup de courage : chaque jour, elle allait aux batteries les plus exposées et mettait le feu à trois pièces de
canon. Les troupes se battirent vigoureusement; mais le
26 juillet, les remparts étaient démolis et l'artillerie hors
de service; des 54 pièces opposées à l'ennemi, 42 étaient
démontées et brisées : 800 soldats étaient tués ou blessés,
1,200 autres étaient malades. Le général Amherst se préparait à donner l'assaut, et Boscawen, pour appuyer l'attaque faite par terre, devait forcer l'entrée du port, défendu
jusqu'alors par nos vaisseaux, que les Anglais venaient
d'incendier, M. de Drucour, voulant sauver les habitants
et la ville, offrit de capituler; on lui répondit qu'il n'avait
qu'à se rendre à discrétion : il refusa et se résolut à tout
plutôt que de se soumettre à d'aussi humiliantes conditions. Cependant, les habitants le suppliant de capituler
et d'éviter ainsi la ruine complète de la ville et le sacrifice
inutile des soldats qui lui restaient, il se soumit. M. de
Drucour et la garnison furent prisonniers de guerre, et les
habitants furent transportés en France. »

On se montra fort sévère en France sur cette capitula-

tion que l'on qualifia de honteuse. M. de Drucour, attaqué, se justifia et écrivit à un de ses amis une longue
lettre où il fait remarquer avec raison que, sans l'appui
d'une solide escadre, la place était à la merci d'un ennemi
bien armé et persévérant. Quoi qu'il en soit, « la prise de
Louisbourg laissa le Canada sans défense du côté de la
mer et ouvrit le Saint-Laurent, c'est-à-dire le chemin de
Québec, aux Anglais. Ils prirent et détruisirent Gaspé, à
l'entrée du fleuve et remirent à l'année suivante l'attaque
sur Québec ; toutefois, ils restaient maîtres des entrées du
Canada et interceptaient toutes communications avec la
France. »

Pendant qu'Amherst assiégeait Louisbourg, le général
Abercromby, parti du fort Édouard avec 20,000 hommes,
se préparait, selon le plan général de l'envahissement, à
marcher sur le fort Carillon. Le lieu de la concentration
choisi par les Anglais était le fort William-Henry, ou plutôt
les ruines de cette place, détruite l'année précédente par
Montcalm.

Le point de départ connu, il était facile à un habile
tacticien de déterminer quel chemin prendrait l'ennemi,
et immédiatement Montcalm répartit ses troupes sur la
route de Montréal, dont le fort Carillon était la première
étape. Il fait mettre en état la défense, puis, au lieu d'attendre le choc, se porte en avant, comme si, malgré son
infériorité numérique, il eût voulu prendre l'offensive.
Étonné, Abercromby hésite, retarde le départ de la flottille qui allait transporter ses troupes de l'autre côté du
lac du Saint-Sacrement, perd trois jours à délibérer. Cependant, Montcalm, qui cherche à gagner les hauteurs de
Carillon, passe devant le front de l'armée anglaise, qui
ne bouge ; il juge son adversaire : « Ces gens-là tâton-

nent; s'ils me donnent le temps de gagner les hauteurs de Carillon, je les battrai. »

Il atteignit l'endroit voulu, non loin du fort, et fit immédiatement élever un retranchement derrière lequel ses troupes pussent tirer à l'abri.

Ce retranchement, de 8 à 9 pieds de hauteur, suivait les sinuosités du sol, et tous ses bastions se flanquaient réciproquement. Des batteries improvisées et le canon du fort balayaient le bord de l'eau; un abatis d'arbres devait en rendre l'approche difficile pour l'infanterie, impossible pour la cavalerie.

Le lendemain, les officiers, la hache à la main, donnent l'exemple. « Les érables tombent sur les bouleaux, » rapporte M. de Bonnechose, « les hêtres pourpres sur les pins. L'armée travaillait de bon cœur. Cependant, elle cherchait des yeux le brave Lévis : où est Lévis? Enfin, le voici : Vive Lévis! Il accourait du pays des Cinq Nations avec 400 soldats d'élite. Grâce à ce renfort, le seul qui parvint à temps, le nombre des combattants sera de 3,500. On couche au bivouac : dès l'aube, la générale réveille les bûcherons et la hache de frapper encore. A midi et demi, un coup de canon retentit : c'est le signal. Chaque bataillon, l'arme au bras, est dans son bastion, Royal-Roussillon au centre avec son drapeau d'ordonnance rouge et bleu. Le soleil de juillet, brûlant en ce climat, calcinait les rives du lac Champlain : « Mes enfants, la journée sera chaude, » dit Montcalm en jetant à terre son habit. Déjà, aux sons aigus du fifre et de la cornemuse, les Anglo-Américains s'élançaient dans la clairière en quatre colonnes, grenadiers en tête et chasseurs sur les flancs.

« L'ennemi était à cinquante pas du retranchement,

Fig. 40. — Batterie improvisée.

les fusils français, jusqu'alors immobiles, s'abaissèrent sur toute la ligne : 3,000 balles sifflèrent à la fois, décharge foudroyante au milieu des rangs déjà rompus par les obstacles des abords. Les Anglais

Fig. 41. — On fit un grand abatis d'arbres.

vacillèrent sous l'averse de plomb, reculèrent, puis revinrent intrépidement à la charge, pour reculer encore et

revenir pendant six heures de suite. Effroyable va-et-
vient, entremêlé de sorties à la baïonnette, au milieu de
l'abatis d'arbres enflammés par la fusillade !

« Dans l'intervalle des attaques, quand la fumée s'était
éclaircie, l'on entrevoyait des fantassins en uniforme blanc
sauter du haut des bastions pour éteindre le branchage
en feu : puis çà et là, plantés sur le parapet, des drapeaux
dont le vent du lac soulevait la soie trouée par les balles.
Devant les retranchements, partout des morts et des
blessés en habits rouges, culbutés ou accrochés dans les
branches de l'abatis ; à droite, aboutissant au pied même
du bastion, un monceau de cadavres aux jambes nues,
aux vêtements bigarrés : c'était là que les montagnards
écossais avaient donné l'assaut. Le canon gronda aussi du
côté de la rivière ; vingt pontons armés s'approchèrent
pour jeter à terre des troupes de débarquement, mais
Montcalm avait tout prévu : des volontaires postés le long
de la rive reçurent « de bonne grâce » les embarcations,
et le canon du fort en ayant coulé deux, les autres s'enfuirent à force de rames.

« Vers sept heures du soir, les attaques cessèrent, le
feu continua encore quelque temps sur la lisière de la
forêt, puis, à huit heures, s'éteignit. Était-ce possible ?
Les Français ne purent croire d'abord à leur succès. Toute
la nuit se passa à compléter le retranchement qu'on s'attendait à voir attaqué le lendemain par l'artillerie. Mais
l'ennemi ne revint pas : le découragement des troupes, qui
s'étaient crues assurées d'une facile victoire, l'ineptie du
général, l'ombre de ces grands bois si redoutables dans
les ténèbres avaient changé l'arrêt en retraite, la retraite
en panique. Les Anglais s'étaient précipités vers leurs
bateaux et traversaient déjà le lac du Saint-Sacrement,

laissant derrière eux plus de 4,000 morts ou blessés. Les Écossais seuls avaient perdu 950 soldats et presque tous leurs officiers. Pour cette année-là, le Canada était sauvé. »

Le soir de la bataille, encore tout enfiévré, Montcalm écrivit à son ami Doreil le billet suivant :

« L'armée et trop petite armée du roi vient de battre ses ennemis. Quelle journée pour la France! Si j'avais eu 200 sauvages pour servir de tête à un détachement de 1,000 hommes d'élite dont j'aurais confié le commandement au chevalier de Lévis, il n'en serait pas échappé beaucoup dans leur fuite. Ah! quelles troupes, mon cher Doreil, que les nôtres! Je n'en ai jamais vu de pareilles. » Son rapport officiel est d'une simplicité et d'une modération tout antiques. Il fait la part de tous, n'oublie ni M. de Lévis ni M. de Bourlamaque, « qui ont eu la plus grande part à la gloire de cette journée, » et passant à lui-même, ajoute : « Le succès est dû à la valeur incroyable de l'officier et du soldat; pour moi, je n'ai eu que le mérite de me trouver général de troupes aussi valeureuses. » L'armée pensait de son chef ce que son chef pensait d'elle; aussi les soldats, quand la nuit fut venue, lui ménagèrent-ils une surprise et un triomphe. Tout à coup, la forêt s'illumine, des acclamations retentissent : c'est l'armée victorieuse qui salue le général vainqueur.

Montcalm dut sentir, en cette minute, une de ces satisfactions d'orgueil qui grisent les âmes les plus fortes. Il résista à l'ivresse; pour toute récompense de ce fait d'armes qui pouvait permettre de sauver le Canada, il demanda son rappel. Il écrivit au ministre : « Si jamais il y a eu un corps de troupes digne de grâces, c'est celui que j'ai l'honneur de commander; aussi, je vous supplie, Monseigneur, de l'en combler. Pour moi, je ne vous en demande d'autre que de me faire accorder, par le roi, mon retour : ma santé s'use, ma bourse s'épuise, je devrai 10,000 écus au trésor de la colonie. Et plus que tout encore, l'impossibilité où je suis de faire le bien et d'empêcher le mal, me détermine à supplier avec instance Sa Majesté de m'accorder cette grâce, la seule que j'ambitionne. Jusqu'alors je donnerai volontiers le dernier souffle de ma vie pour son service. »

Mais la victoire de Carillon (8 juillet 1758) est un succès isolé.

Le fort Frontenac, qui n'avait, il est vrai, qu'une garnison de 70 hommes, est enlevé par un hardi partisan américain, Bradsteet, qui détruisit, du même coup, la marine que la France avait sur le lac Ontario. Sur l'Ohio, M. de Lignery, menacé au fort du Quesne par des forces considérables, évacuait le fort et le brûlait plutôt que de le rendre. Enfin, symptôme terrible, les Indiens se refroidissaient : « Les sauvages *ont frappé* sur nous, » écrit Doreil au ministre, après la prise de Frontenac ; « ils se sont emparés sur le lac Ontario de trois canots qui descendaient chargés de pelleteries et ont égorgé les équipages, triste avant-coureur de ce que nous avons à craindre de leur part. »

A la nouvelle de ces revers, devant ces menaces du lendemain, Montcalm revient sur sa résolution : « J'avais demandé, écrit-il au ministre, mon rappel après la glorieuse journée du 8 juillet, mais puisque les affaires de la colonie vont mal, c'est à moi de tâcher de les réparer ou d'en retarder la perte le plus qu'il sera possible. »

Il se rendait compte que la situation était sinon absolument désespérée, du moins fort grave. « Monseigneur, » dit-il à la date du 1er septembre, dans une dépêche chiffrée où il expose sans réticence le véritable état de la colonie, « la situation de la Nouvelle-France est des plus critiques, si la paix ne vient pas à notre secours. Les Anglais réunissent, avec les troupes de leurs colonies, plus de 50,000 hommes; nonobstant l'entreprise de Louisbourg, ils en ont eu 30,000 qui ont agi, cette campagne, contre le Canada. Qu'opposer à cela? Huit bataillons, qui font 3,200 hommes. Avec si peu de forces, comment garder sans miracles la frontière, depuis l'Ohio jusqu'au lac du Saint-Sacrement, et s'occuper de la descente à Québec, chose possible! Qui croira le contraire de ce que j'avance trompera le roi; quelque peu agréable que cela soit, je dois le dire comme citoyen. Ce n'est pas du découragement de ma part ni de celle des troupes, résolus de nous ensevelir sous les ruines de la colonie. »

Déjà, le Canada n'était plus que ruines, et le gouvernement ne devait pas avoir le cœur de les relever. La victoire de Carillon, cependant, avait fait grand effet à Paris; on combla l'armée de grades et de décorations; un *Te Deum* fut chanté en l'honneur de la victoire de Montcalm en Amérique, et le rapport de M. de Vaudreuil inséré tout au long dans *la Gazette de France;* mais ce fut tout. En vain Montcalm et Vaudreuil écrivirent au ministre pour lui exposer la situation de la colonie. Le gouvernement de Louis XV avait trop affaire en Allemagne, où il s'était si malheureusement engagé. S'il y avait encore une armée, il n'y avait plus de marine. Le trésor à sec vivait d'expédients, grugé encore par une administration malhonnête, car non pas seulement au Canada, mais en France, les Bigot n'étaient point rares.

Nous étions battus partout. La seule armée qui eût remporté des victoires, c'était précisément ces troupes de Montcalm qu'on abandonnait.

Le maréchal de Belle-Isle, ministre de la guerre, fit à Montcalm une réponse singulière, cachant sous des sophismes son impuissance ou son indifférence : « Qu'on ne compte pas recevoir de troupes de renfort; outre qu'elles augmenteraient la disette des vivres que vous n'avez que trop éprouvée jusqu'à présent, il serait fort à craindre qu'elles ne fussent interceptées par les Anglais dans le passage; et comme le roi ne pourrait jamais vous envoyer des secours proportionnés aux forces que les Anglais sont en état de vous opposer, les efforts que l'on ferait ici pour vous en procurer n'auraient d'autre effet que d'exciter le ministère de Londres à en faire de plus considérables pour conserver la supériorité qu'il s'est acquise dans cette partie du Continent.

« Comme il faut s'attendre que tout l'effort des Anglais va se porter au Canada et qu'ils nous attaqueront par les différents côtés à la fois, il est nécessaire que vous borniez votre plan de défensive aux points les plus essentiels et les plus rapprochés, afin qu'étant rassemblés dans un plus petit espace de pays, vous soyez toujours à portée de vous entre-secourir, vous communiquer et vous soutenir. Il est de la dernière importance de conserver un pied dans le Canada. Quelque médiocre qu'en soit l'espace que vous pourrez conserver, il est indispensable de conserver un pied dans l'Amérique septentrionale, car si nous l'avions une fois perdue en entier, il serait comme impossible de la ravoir. C'est pour remplir cet objet que le roi compte, Monsieur, sur votre zèle, votre courage et votre opiniâtreté, et que vous communiquerez les mêmes sentiments aux officiers principaux, et tout ensemble aux troupes qui sont sous vos ordres. •

« M. Berryer (ministre de la marine) donne les mêmes ordres à M. de Vaudreuil et lui prescrit de se conduire avec vous dans le plus grand concert. Vous devez en sentir l'un l'autre toute la nécessité et toute la conséquence. J'ai répondu de vous au roi, et je suis bien assuré que vous ne me démentirez pas, et que, pour le bien de l'État, la gloire de la nation et votre propre conservation, vous vous porterez aux plus grandes extrémités plutôt que de jamais subir des conditions aussi honteuses que celles qu'on a faites à Louisbourg, dont vous effacerez le souvenir. »

Avec cette lettre arrivèrent, néanmoins, quelques secours, 600 soldats et 15 bâtiments chargés de vivres, qu'un hardi marin, le capitaine Canon, réussit à faire passer à travers les mailles de la flotte anglaise. C'était peu, mais, comme le dit Montcalm en remerciant le maréchal de Belle-Isle, « le peu est précieux à celui qui n'a rien ». En même temps, et une fois de plus, il assurait le ministre de son dévouement « à sauver cette malheureuse colonie ou périr ». Le chevalier de Lévis et Bougainville tenaient le même langage. « Je pense qu'il faudra nous défendre pied à pied, écrivait Lévis, et nous battre jusqu'à extinction ; il sera, s'il le faut, encore plus avantageux pour le service du roi que nous périssions les armes à la main que de souffrir une capitulation aussi honteuse que celle de l'Ile Royale. J'inspirerai partout où je serai les mêmes sentiments. » Et Bougainville : « Les Anglais se disposent à nous attaquer incessamment et de plusieurs côtés ; on connaît l'énor-

mité de leurs forces, et cette connaissance ne fait qu'aug-
menter le zèle des troupes. »

En même temps, mais trop tard, Berryer faisait surveiller l'intendant Bigot, et M. Garneau, l'écrivain canadien, cite dans son *Histoire du Canada* une lettre
menaçante du ministre, qui est comme le prélude de la
reddition des comptes.

Montcalm avait envoyé Bougainville à Versailles
plaider en personne la cause de la colonie :

« Il fut reçu, le 8 avril, par Louis XV, » écrit M. Dussieux, « et eut l'honneur de lui présenter la carte et
les plans des forts du Canada, qui avaient été levés
par un officier du régiment de la Sarre, M. de Crèvecœur. Le roi remit la croix de Saint-Louis au premier
aide de camp de M. de Montcalm. Avant sa présentation,
il avait remis au ministre quatre mémoires fort impor-
tants, qui exposaient la situation de la colonie, ses ressources et ses besoins. Le ministre de la marine, Berryer, reçut fort mal l'envoyé du marquis de Montcalm
et lui dit : « Eh! Monsieur, quand le feu est à la maison, on ne s'occupe pas des écuries. — On ne dira pas,
du moins, Monsieur, que vous parlez comme un cheval, »
répliqua Bougainville.

Et il s'en revint, rapportant à son général cet aveu
d'impuissance.

CHAPITRE XII.

Campagne de 1759. — Enrôlement en masse des Canadiens. — Le général Wolfe devant Québec. — Bombardement de Québec. — Victoire de Montmorency. — Défaite des plaines d'Abraham. — Mort de Montcalm et de Wolfe. — Hommages rendus à la mémoire des deux généraux.

En 1759, de même que l'année précédente, les Anglais attaquèrent le Canada sur trois points à la fois, marchant de concert sur Québec, sur Montréal, sur Niagara. La première armée, commandée par Wolfe, et la troisième, commandée par Prideaux, devaient rejoindre à Montréal Amherst, qui dirigeait le principal corps d'invasion.

Aux 40,000 soldats anglais, soutenus par 20,000 hommes de réserve, le Canada n'avait à opposer que 5,500 soldats réguliers, des bataillons de milice et un petit nombre d'Indiens, que retenait encore le prestige de Montcalm Devant cette pénurie de défenseurs, M. de Vaudreuil fit une levée en masse de toute la population mâle depuis seize jusqu'à soixante ans. Jamais, en aucun temps peut-être, pays n'avait fait un aussi héroïque effort. Pas une plainte ne s'éleva; au contraire, le plus patriotique enthousiasme. Les Canadiens font plus qu'on ne leur de-

22

mande : on vit venir à l'enrôlement des enfants de douze ans et des vieillards octogénaires. Il ne restait guère au logis que les petits enfants et les femmes : encore beaucoup de celles-ci surent-elles se rendre utiles à la défense.

On trouva ainsi environ 15,000 combattants, dont un tiers formaient d'assez bonnes troupes de résistance, un autre tiers bon pour l'attaque, le reste, capable du moins de tenir garnison : tous très bons tireurs, très braves, ayant fait sans regret le sacrifice de leur vie pour la patrie canadienne.

Le quart de la population totale était sous les armes; l'armée anglaise comptait autant de soldats que le pays d'habitants. C'était assurément, depuis Xerxès, le premier exemple d'une invasion aussi disproportionnée : ce même fait, cependant, s'était passé en Acadie. Dans de telles conditions, il est hors de doute que la victoire est moins glorieuse qu'une défaite, précédée de deux années de résistance.

Pendant les opérations de la levée en masse, l'Angleterre avait recours à une manœuvre qui aurait pu corrompre une population moins décidée. Dans une proclamation répandue en Canada, elle offrait aux Canadiens de les considérer comme des neutres s'ils refusaient de prendre les armes, ajoutant : « Si la folle espérance de nous repousser vous porte à nous refuser la neutralité que nous vous offrons, attendez-vous à souffrir tout ce que la guerre a de plus cruel. Il sera trop tard de regretter les efforts de votre courage imprudent, lorsque cet hiver vous verrez périr de faim tout ce que vous avez de plus cher. Vous voyez d'un côté l'Angleterre qui vous tend une main puissante et secourable, de l'autre côté, la France

incapable de vous soutenir, abandonnant votre cause
dans le moment le plus critique; votre sort dépend de
votre choix. »

Fig. 42. — Chefs de guerriers indiens.

Il n'était pas douteux, et jusqu'au dernier moment les
Canadiens crieront : Vive la France!

A l'entrée en campagne, les Anglais débutèrent mal :
Prideaux fut tué en attaquant le fort Niagara, et son
corps d'armée demeura paralysé. Amherst, qui se dirigeait sur Montréal, ne put dépasser l'île des Noix, à
l'embouchure de la rivière Richelieu dans le lac Cham-

plain. Il y avait là un fort que tenait avec une énergie et un talent militaire remarquables Bourlamaque à la tête de 2,500 hommes. Les 12,000 Anglais s'arrêtèrent.

Malheureusement, le troisième corps d'armée n'avait pas à sa tête un général aussi médiocre qu'Amherst : loin de là, James Wolfe était un adversaire digne de Montcalm lui-même, par le talent comme par le caractère. A peine âgé de trente-trois ans, il s'était si fort distingué à la prise de Louisbourg, que la victoire de cette journée lui avait été attribuée par Amherst dans son rapport. Pitt le nomma major général et lui confia le principal rôle dans le plan de la conquête. Wolfe, parti de Louisbourg avec 40 vaisseaux portant 20,000 hommes d'équipage et 10,000 fantassins, entra dans le Saint-Laurent, piloté par un traître, Denis de Vitré, capitaine de la marine française, que les Anglais avaient fait prisonnier. Parmi les officiers de l'escadre se trouvait Cook, l'illustre navigateur, qui servait alors avec un grade subalterne, et allait ainsi combattre contre Bougainville, son compagnon de gloire.

« Chaque marée, » dit l'historien de Montcalm, « pousse en avant les navires de l'invasion : ils ont franchi le cap Tourmente, puis la grande île d'Orléans. Un gigantesque rocher de granit et d'ardoise, s'élançant de la rive septentrionale, semble barrer le fleuve. Au pied et sur la cime de ce roc, apparaît aux Anglais, sous les rayons d'un soleil de juin, un étonnant assemblage de clochers et de batteries, d'esplanades verdoyantes, d'arbres séculaires, de dômes et de toits métalliques, réfléchissant la lumière comme autant de miroirs; ville couronnée par une citadelle aux bastions à pic, que domine à son tour un cap de mille pieds de hauteur, sortant tout droit du fleuve. Éblouissant tableau qui se reflète dans l'onde d'un bassin assez immense pour contenir cent vaisseaux de ligne à cent vingt lieues de la mer. C'était la capitale de la Nouvelle-France. »

De loin imposante, menaçante même, la capitale de la Nouvelle-France était, en réalité, dans un misérable état de défense. Montcalm avait depuis longtemps signalé cet abandon : « A Québec, » répétait-il le 12 avril 1759, « l'ennemi peut venir : si nous n'avons pas d'escadre, la capitale est prise et la colonie perdue. » En effet, les remparts n'étaient pas même achevés. On fut forcé, au dernier moment, de les couvrir par un camp retranché long de deux lieues, partant de l'embouchure du Saint-Charles pour aller aboutir aux chutes de Montmorency. Si cette ligne de défense n'était pas forcée avant la mauvaise saison, Québec était sauvé pour un an.

Arrivé en vue des Français, Wolfe leur fit sommation de se rendre. Ce document n'est pas à l'honneur du général anglais : on y sent une emphase qui fait craindre que ce jeune homme n'ait été soudainement grisé par la haute situation qui venait de lui échoir : « Le roi, mon maître, justement irrité contre la France, résolu d'en abattre la fierté et de venger les injures faites aux colonies anglaises, s'est enfin déterminé à envoyer au Canada un armement formidable, etc. » Cette sommation débutait d'une façon trop solennelle pour inspirer à des Français autre chose que de l'hilarité. On s'en doute en voyant Wolfe dans une seconde proclamation se plaindre du peu d'égards qu'ont eus les Canadiens pour la première. Il se vengeait en déclarant « qu'il les soumettrait aux lois les plus dures de la guerre et que ses troupes avaient reçu l'ordre de ne respecter ni les biens ni les personnes ».

Ne pouvant parvenir à faire sortir Montcalm de ses retranchements, il se décida à débarquer à la pointe Lévy,
où il établit des batteries qui bombardèrent cruellement
Québec. Plus de 1,400 maisons furent brûlées. Amherst
ne paraissant pas, ni Prideaux, Wolfe hésitait à donner
l'assaut. Cependant, comme Montcalm ne sortait toujours
pas de son retranchement et qu'il fallait en finir, il se
décida à attaquer le camp de Beauport par le ravin de
Montmorency et à lancer le gros de ses troupes sur nos
retranchements du côté du Saint-Laurent. « Partout les
Anglais furent repoussés. M. de Lévis fit des merveilles.
Nous n'avions que 10 pièces de canon à opposer aux
118 de l'ennemi. Mais rien ne décourageait nos soldats;
les chasseurs canadiens tuèrent les artilleurs anglais à
coups de carabine. Wolfe, vaincu, se retira dans son camp.
En même temps, il apprit que le général Amherst était
arrêté par M. de Bourlamaque et qu'il ne pouvait se
joindre à lui. »

Les Français, se croyant vainqueurs, jugeaient la
campagne terminée « avec gloire pour nous, » selon l'ex-
pression de Bernier. « Wolfe n'en jugeait pas ainsi, »
continue M. Dussieux, dont le récit est d'une précision
parfaite. « Il essaya de tourner la position inexpugnable
que Montcalm occupait à Beauport. Malgré sa défaite,
Wolfe, avec sa flotte puissante, restait le maître de la
navigation du Saint-Laurent; il remonta le fleuve au-
dessus de Québec pour examiner s'il ne découvrirait pas,
au milieu des falaises qui bordent sa rive gauche, un lieu
propre à un débarquement; il le trouva à l'anse du Foulon, à un quart de lieue au-dessus de Québec.

« Montcalm avait envoyé Bougainville avec une colonne de 3,000 hommes, observer les mouvements de

l'ennemi. Mais on ne sut pas deviner ses projets, on manqua de coup d'œil, de vigilance, et on se laissa surprendre par Wolfe, qui cacha avec habileté le but de ses manœuvres. Pour donner le change à Bougainville, il

Fig. 43. — Québec.

remonta le Saint-Laurent jusqu'au cap Rouge, à trois lieues au-dessus de Québec, et, dans la nuit du 12 septembre, après avoir fatigué les Français par de continuelles allées et venues, il redescendit le fleuve, trompa quelques sentinelles peu vigilantes, débarqua ses troupes à l'improviste dans l'anse du Foulon, gravit librement

les falaises, du haut desquelles il eût été facile de le repousser, et le 13 septembre au matin, les têtes de colonne
de l'armée anglaise arrivaient sur les hauteurs d'A-
braham, aux portes de Québec.

« La nouvelle en fut portée trop tard à Montcalm, qui,
se voyant couvert par Bougainville, ne s'attendait pas à
être tourné et attaqué du côté de Québec. Son armée était
alors fort réduite : une partie des Canadiens était re-
tournée aux champs, après la victoire de Montmorency,
pour faire la moisson ; Lévis était détaché avec 800 hommes, Bougainville avec 3,000 ; il fallait, en outre, garder le
camp de Beauport. Aussi Montcalm ne put lancer contre
Wolfe que 4,500 hommes, avec lesquels il résolut d'attaquer les Anglais, qui s'étaient déjà formés en bataille avec
du canon. Attendre le retour de Bougainville eût peut-
être été plus prudent, mais c'était donner à l'ennemi le
temps de rassembler toutes ses troupes et de se fortifier
sur le plateau d'Abraham. »

C'est à cet endroit, appelé ainsi du nom de son posses-
seur, un pilote du Saint-Laurent, que se rencontrèrent
les deux armées qui allaient décider si le Canada serait
français ou anglais. « On se fusilla pendant longtemps, »
raconte un témoin de la bataille, le sieur Joannà, major
de Québec ; « enfin, vers dix heures, M. le marquis de
Montcalm voyant l'ennemi se grossir de plus en plus et
quelques pièces de canon qui tiraient, jugea à propos de
ne pas leur laisser le temps de se fortifier davantage et
donna le signal pour charger l'ennemi. Les troupes s'é-
branlèrent avec beaucoup de légèreté, ainsi que les Canadiens, mais après quelques pas en avant, le petit bou-
quet de bois qui s'allongeait sur la droite servit de
retraite aux miliciens, qui laissèrent marcher seuls les

cinq bataillons, ce qui occasionna un peu de flottement. Enfin, après s'être rapproché à la portée du pistolet et avoir fait et essuyé trois ou quatre décharges, la droite plia et entraîna le reste de la ligne. »

A ce moment, les grenadiers anglais profitent du mouvement en arrière pour s'élancer à la baïonnette. « Wolfe est à leur tête. Déjà une balle l'a frappé au poignet; une seconde, puis une troisième l'atteignent à la poitrine. « Soutenez-moi, dit-il; que le soldat ne me voie pas tomber. » On l'emporte; le mourant entend dire : « Ils fuient! — Qui? demanda-t-il. — Les Français. — Je meurs heureux, » murmure le héros, et il expire après avoir donné l'ordre de couper la retraite à l'ennemi par la vallée du Saint-Charles. »

Les grenadiers écossais, « avec leurs plaids flottants et leurs larges claymores, poursuivent comme des démons furieux, les fuyards, » et pendant que les Anglais emportaient leur général, Montcalm, tout sanglant, quittait le champ de bataille et rentrait à Québec par la porte Saint-Louis. « Deux fois touché dans la mêlée, rapporte son historien, il avait, en ralliant les tirailleurs pendant la retraite, reçu une balle dans les reins. « Combien de temps à vivre? » demanda-t-il au chirurgien qui sonde sa blessure. « Quelques heures seulement, mon général. — Tant mieux je ne verrai pas les Anglais à Québec. »

« Ainsi qu'il se couchait dans son manteau, le soir d'une bataille, Montcalm s'étend paisiblement sur son lit de mort : la journée du soldat a été rude, mais la campagne est finie. Ramsay, gouverneur de Québec, et le commandant de Royal-Roussillon lui demandent des ordres : « Mes ordres, répond-il, je n'en ai plus à donner; j'ai

trop à faire en ce moment et mes heures sont très courtes.
Je vous recommande seulement de ménager l'honneur
de la France. »

« Montcalm croyait sa tâche accomplie, mais à travers
l'ombre qui déjà l'environne, un devoir inachevé lui est
apparu : un peuple a espéré en lui, un peuple l'a aimé
qui est menacé par la vengeance d'un ennemi irrité. Ces
pauvres Canadiens, le mourant ne peut plus les défendre,
mais il peut encore intercéder pour eux, et il se fait suppliant afin de donner aux vaincus le reste de sa vie.
« Général, écrit-il à Townshend, le successeur de Wolfe
dans le commandement, l'humanité des Anglais me tran-
quillise sur le sort des prisonniers français et sur celui
des Canadiens. Ayez pour ceux-ci les sentiments qu'ils
m'avaient inspirés : qu'ils ne s'aperçoivent pas d'avoir
changé de maître. Je fus leur père, soyez leur protecteur. »
Puis il expire à quarante-sept ans, le 14 septembre 1759,
sur le matin.

Le même soir, au bruit de la canonnade, il fut enterré
dans l'église des Ursulines. « Ses soldats, dit Château-
briand, l'enterrèrent simplement dans un trou de bombe,
fosse digne de l'honneur de nos armes. » Ce fait n'est
pas bien prouvé. Montcalm eut comme tombeau, ainsi
qu'il l'avait dit, les ruines du Canada.

« L'homme de guerre assez brave pour recevoir cinq
blessures le même jour, » conclut M. de Bonnechose, « le
général qui calmait par sa parole la sédition de ses soldats affamés et remportait avec eux la victoire de Carillon, avait atteint *le grand;* il touchait à la gloire, la
mort l'arrêta en chemin et il n'est demeuré que le martyr
de l'honneur national. Est-ce assez, pour le serviteur
fidèle qui, voué par son pays à la mort, ne laissa échap-

Fig. 44. — Monument de Wolfe et de Montcalm à Québec.

per contre lui ni plainte ni murmure, expirant ainsi sans reproche, comme il avait vécu sans peur! Si la France n'élève des statues qu'aux victorieux, elle devait, au moins, à Montcalm un tombeau. Les Canadiens s'en sont souvenus pour elle. Le tombeau que la mère patrie devait à son héroïque représentant a été élevé par souscription nationale, et béni le 14 septembre 1859, anniversaire centenaire de la mort du vaincu. La Nouvelle-France et Montcalm, le malheur avait autrefois uni ces deux noms, l'histoire ne les séparera jamais (1). »

(1) On aimera à trouver ici quelques détails sur le culte rendu par les Canadiens à la mémoire de leur glorieux défenseur, de cet homme que les Anglais, si exclusifs pourtant en leur patriotisme, n'ont pu s'empêcher d'honorer presque à l'égal de Wolfe lui-même. Nous empruntons ce qui suit au *Magasin pittoresque* de 1861, qui accompagnait d'une intéressante notice divers dessins relatifs aux monuments élevés aux deux généraux ennemis :

Wolfe avait eu l'honneur de reposer à Westminster, dans la sépulture des rois, où Georges III lui fit élever un magnifique mausolée.

Au Canada, au milieu des embarras d'une conquête récente, on ne fit rien avant 1827. C'est à cette date que le gouverneur, comte de Dalhousie, posa, le 15 novembre, la première pierre d'un monument élevé aux deux généraux. Tout entier en pierres de taille, il a 22 mètres de haut, et se compose d'un obélisque qui repose sur un cénotaphe. La façade principale porte une inscription latine ainsi conçue :

Mortem virtus — communem famam historia — monumentum posteritas dedit ;

« Ils doivent à leur valeur le même trépas, à l'histoire la même renommée, à la postérité le même monument. »

Les deux autres faces latérales portent simplement ces deux noms en très gros caractères : Wolfe-Montcalm.

Ce monument ne se trouve pas sur le champ de bataille, mais dans l'enceinte des murailles, au centre du jardin public, sur le bord à pic de la colline où est assise la ville de Québec.

En 1831, lord Aylmer, gouverneur du Canada, voulut payer aussi son tribut d'honneur aux deux illustres victimes de cette grande lutte. Après une visite au couvent des Ursulines de Québec, il annonça le projet de placer, dans leur chapelle, où reposent les restes de Montcalm, un monument qui rappelât le général français. Comme on ignorait alors le lieu précis de sa sépulture, il fit sceller dans le mur latéral, à droite, une plaque de marbre blanc avec une inscription.

L'année suivante, le même gouverneur consacrait par un autre monument le lieu même où Wolfe avait reçu sa dernière blessure.

Forcés, après la capitulation définitive, de rentrer en France, les compagnons d'armes de Montcalm ne pouvaient oublier le Canada, ni surtout le général qui avait été leur idole. Ils songèrent à élever un monument à sa mémoire. L'Académie des inscriptions, à la prière de M. de Bougainville, se chargea d'interpréter les sentiments de la France et composa en latin une longue épitaphe historique qui n'a pas moins de quarante-deux lignes de style lapidaire.

Pour réaliser ce projet, il fallait l'autorisation du gouvernement anglais : Jean-Pierre de Bougainville, frère de l'aide de camp de Montcalm, écrivit à lord Chatam, qui lui répondit :

« Monsieur, c'est avec une très grande satisfaction que je vous envoie le consentement du roi sur un sujet aussi intéressant que l'épitaphe du marquis de Montcalm, composée par l'Académie et qui, selon vos intentions, doit être envoyée à Québec, gravée sur un marbre et placée sur la tombe de cet illustre guerrier. Elle est parfaitement belle, et le désir des troupes françaises qui ont servi en Canada, de payer un pareil tribut à la mémoire de leur général qu'ils ont vu expirer à leur tête d'une manière si glorieuse et pour eux et pour lui, est vraiment honorable et digne d'éloges, etc. »

Le marbre dont il est question fut bien, à ce que l'on croit, expédié au Canada, mais, on ne sait par suite de quel incident, il n'est jamais parvenu à destination.

Cependant, malgré ce fâcheux contre-temps, la mémoire de Montcalm était loin de s'effacer dans le souvenir des Canadiens français. Il fut encore ravivé, en 1833, par la découverte que l'on fit, dans l'église des Ursulines, du lieu exact de sa sépulture.

Enfin, en 1859, une plaque de marbre fut placée sur le nouveau tombeau où l'on avait déposé ses restes exhumés; elle porte l'épitaphe de l'Académie des inscriptions.

Ce fut l'occasion d'une de ces cérémonies publiques où un peuple entier s'unit dans la même pensée et le même sentiment.

CHAPITRE XIII.

Capitulation de Québec. — Victoire de Lévis sous les murs de la ville. — Siége de Québec. — Il se retire dans Montréal. — Le capitaine Pouchot au fort Lévis. — Capitulation de Montréal. — Perte du Canada. — Traité de Paris.

« La mort de M. de Montcalm, » dit un mémoire du temps, « jointe à l'absence de M. le chevalier de Lévis et de M. de Bougainville, jeta une terreur et une consternation universelles. » Les débris de l'armée se jetèrent dans Québec en désordre, et le conseil de guerre fut convoqué à la hâte. Mais M. de Lévis étoit le seul homme qui eût pu se faire entendre avec autorité et, selon la suprême recommandation de Montcalm, « ménager l'honneur de la France ». M. de Vaudreuil n'en eut guère souci; il prit l'inconcevable initiative de conseiller à Ramsay la capitulation, « de ne pas attendre, disent ses instructions, que l'ennemi emportât la ville d'assaut ».

Après la victoire de Montmorency, Lévis avait été envoyé au lac Champlain, secourir Bourlamaque. Le répit laissé aux Français par la retraite et le silence de l'ennemi avait déterminé Montcalm à distraire dans ce but de l'armée principale 3,000 hommes, avec lesquels nous n'eussions sans doute pas été vaincus dans les plaines d'Abraham. Informé de la défaite et de la mort de son chef, Lévis accourut, marcha sur Québec, afin d'empêcher que la capitale ne tombât aux mains des ennemis. Il arriva à la rivière Saint-Charles, le 19; là il apprit que M. de Ramsay venait de capituler. Ainsi ce général de hasard, lâche ou incapable, n'avait pas eu le cœur de tenir seulement cinq jours; et pourtant, chose invraisemblable, le siège n'était pas même commencé. L'étonnement des Anglais fut grand à voir flotter le pavillon blanc au-dessus d'une citadelle qui n'avait pas encore essuyé le feu. Évidemment Ramsay avait outrepassé les instructions de M. de Vaudreuil, trop honnête homme pour conseiller une pareille capitulation. Tout est extraordinaire dans cet événement; ainsi, au moment où Ramsay livrait la place, soixante cavaliers, avant-garde de Lévis, étaient déjà entrés dans la ville.

Lévis fit replier son armée, pendant que les Anglais se rembarquaient pour Louisbourg, après avoir laissé à Québec 8,000 hommes sous les ordres du général Murray.

Le fort Niagara, que défendit héroïquement le capitaine Pouchot, avait été pris par le colonel Johnson, successeur de Prideaux; seul, Bourlamaque arrêtait toujours Amherst à l'île aux Noix. Qu'allait faire M. de Lévis? « On crut d'abord en France, » dit Raynal, « que la prise de Québec allait terminer la guerre d'Amérique. Personne n'imaginait qu'une poignée de Français qui manquaient de tout, à qui la fortune semblait interdire jusqu'à l'espérance, osassent songer à retarder une destinée inévitable. »

La colonie, en effet, râlait, étouffée par la guerre. Depuis cinq ans, c'était une famine presque continuelle; on manquait de munitions; il y avait sur le sol canadien autant de soldats anglais que d'habitants français; les

Indiens hésitaient, tant ils avaient été trompés par Bigot, qui les payait en fausse monnaie; la France avait prévenu qu'aucun secours ne devait être attendu de sa part : Louis XV ne trouvait pas et ne devait trouver que trop tard à économiser de quoi équiper quelques frégates dans les 37 millions de livres que dévora la favorite, cette Pompadour dont le nom est encore odieux au paysan canadien d'aujourd'hui, toujours anglais malgré lui ; et pourtant Lévis décida que l'on continuerait la guerre, qu'on réparerait la lâcheté de Ramsay, qu'on vengerait Montcalm.

Ainsi fut fait. Parti de Montréal avec 3,000 soldats, 2,000 miliciens et sauvages, il parut le 28 avril devant Québec. Murray vint au-devant de lui et lui offrit la bataille dans ces mêmes plaines d'Abraham, où Wolfe et Montcalm s'étaient rencontrés. Entraînés par Lévis et Bourlamaque, qui commandait l'aile gauche, les Français firent une attaque furieuse, culbutèrent l'ennemi à la baïonnette. Les Anglais, abandonnant toute leur artillerie, se rejetèrent dans Québec. Montcalm était vengé. Cela nous coûtait cher. Tous les grenadiers français furent tués jusqu'au dernier, ainsi que 104 officiers. L'ennemi avait fait des pertes au moins aussi cruelles.

Le siège de Québec commença. Lévis ménageait ses munitions : chaque pièce ne devait tirer que vingt coups par vingt-quatre heures. Il n'avait d'autre but que de temporiser, de donner le temps d'arriver au secours que la débâcle faisait espérer de recevoir : « Une seule frégate arrivée avant la flotte anglaise, » écrivait-il en 1760 au ministère de la guerre, « eût décidé de la reddition de Québec et assuré la Nouvelle-France pour cette année. »

« Le 15 mai, au soir, assiégeants et assiégés, » dit l'his-

torien anglais Knox, qui était parmi les assiégés, « aper-
çurent quelques vaisseaux à l'horizon : si c'était une flotte
française, Québec revenait à la France, sinon M. de Lévis
était obligé de lever le siège. Aussi, tout le monde tour-
nait-il avec la plus grande anxiété les yeux vers le bas
du fleuve, d'où chacun espérait voir venir son salut. C'é-
tait l'avant-garde de la flotte anglaise. » Il ne faut pas
multiplier les accusations contre le gouvernement français, qui fit peu, sans doute, mais fit peut-être son possible. Le ministre de la marine avait envoyé au secours
du Canada 6 bâtiments chargés de troupes et de munitions ; mais on ne les fit partir de Bordeaux que le
12 avril : c'était trop tard. Les Anglais, aussitôt la débâcle des glaces accomplie, établissaient chaque année
leur croisière à l'entrée du Saint-Laurent : il fallait arriver
avant eux. Nos bâtiments, venus trop tard, furent pris
ou obligés de débarquer les troupes, les vivres et munitions dont ils étaient chargés dans la baie des Chaleurs,
à l'entrée du fleuve, si bien que le secours fut absolument inutile.

M. de Lévis leva donc le siège et se replia sur Montréal,
craignant même d'être coupé dans sa retraite. Nous n'a-
vions sur le Saint-Laurent que deux frégates et quelques
transports ; tout fut pris par les Anglais. M. de Vauque-
lin, qui les commandait, aima mieux se faire tuer que
d'amener son pavillon, et ses officiers suivirent son
exemple. Lévis eut beaucoup de mal à gagner Montréal,
obligé, faute d'embarcations, de traîner ses bagages par
un pays où il n'y avait d'autre route que le Saint-Laurent,
ses affluents et les lacs.

Montréal était une ville fort mal fortifiée d'un petit
mur d'un mètre d'épaisseur, d'une chemise, en termes

techniques, à peine bonne à contenir des Iroquois. Néanmoins Lévis s'y enferma, décidé à brûler sa dernière
charge de poudre. Il est d'un héroïsme qui va jusqu'à la
folie : « Nous tâcherons de rassembler toutes nos forces;
si les ennemis ne mesurent pas leurs mouvements, nous
en profiterons pour combattre le corps de leurs troupes
qui avancera le premier : c'est l'unique ressource qui
nous reste. Nous sommes hors d'état de tenir la campagne : vivres, munitions, tout manque; il est surprenant que nous existions encore. » Et quelques jours plus
tard : « Je n'ai point négligé de profiter de la confiance
que me témoignent les Canadiens pour ranimer leur
zèle, leur courage, et calmer leurs alarmes sur les lettres
de change et ordonnances et de les engager à fournir des
vivres. Nous sommes souvent obligés de les combattre,
d'achever de leur enlever de force le peu d'animaux qui
leur reste pour leur vie, étant à la dernière extrémité à
ce sujet. La récolte paraît belle; mais il reste à savoir
si nous y arriverons, si nous pourrons la couper et qui
la mangera. Nous n'avons de poudre que pour un
combat. »

Dans cette situation extrême, le brave Lévis assure le
roi qu'il « mettra tout en usage pour sauver la gloire de
ses armes et lui conserver cette colonie ».

Cependant, les colons refusèrent le papier-monnaie. La
garnison allait mourir de faim. Lévis obtint de ses officiers et même de ses soldats qu'ils livrassent tout ce
qu'ils avaient d'argent sonnant, et avec la somme qu'il
trouva ainsi, il acheta de la farine pour un mois.

Les Anglais approchaient : ils étaient 40,000 contre
3,000 Français.

M. de Bourlamaque ne put empêcher la flotte de

Murray de forcer le passage devant Sorel; M. de Bougainville fut obligé, le 27 août, d'évacuer le fort de l'île aux
Noix. Murray et Haviland arrivèrent à Longueil, presque
en vue de Montréal, où ils firent leur jonction. Le général Amherst fut arrêté dans sa marche par le fort Lévis,
dans lequel le capitaine Pouchot se défendit pendant
douze jours, avec ses 200 soldats contre les 11,000 Anglais qui l'assiégeaient; il ne se rendit, le 25 août, qu'a-
près que les remparts du fort eurent été détruits et toutes
ses pièces mises hors de service; tous les officiers et le
tiers de la garnison avaient été tués ou blessés. Quand
les ennemis entrèrent dans la place, ils furent fort surpris de ne voir que quelques soldats dispersés dans les
postes et une soixantaine de miliciens. Ils demandaient
au capitaine Pouchot où était sa garnison.

La prise du fort Lévis coupait le chemin du sud qui
aurait pu être une retraite éventuelle pour les Français.
C'était le plan de Montcalm, exposé dans un des mémoires
présentés à Berryer par Bougainville, de se retirer devant
les Anglais vers le Mississipi, en suivant la ligne des
forts. Si Pouchot avait pu être secouru, Lévis l'eût sans
doute mis à exécution, et les Anglais, du moins, n'auraient pas fait prisonniers les débris de la valeureuse
petite armée.

L'investissement terminé, Montréal était incapable de
tenir. Du moins la garnison, et Lévis en tête, voulait
vendre la victoire aux Anglais le plus cher possible. Mais
M. de Vaudreuil, poussé par les habitants qui ne voulaient plus se battre, donna l'ordre formel de capituler.
Lévis hésita entre l'obéissance et un coup de tête : se
jeter dans les bois et harceler les Anglais. A la fin, pressé
par Vaudreuil, il céda, réclamant au moins les honneurs

de la guerre. Amherst lui refusa cette suprême satisfaction. C'était le 8 septembre 1760. Le Canada était devenu
anglais. Gouverneur et fonctionnaires, marins et militaires
quittèrent la colonie.

Fig. 45. — Indiens des environs de Québec.

Un seul homme peut-être comprit alors l'étendue
de la perte que venait de faire la France, ce fut M. Bernier, commissaire des guerres, qui écrivait au maréchal
de Belle-Isle en lui annonçant la capitulation de Montréal :

« Si ce pays ne doit plus rentrer sous la domination de la France, c'est une perte infinie. »

Le traité de Paris (1764) confirma la conquête des Anglais, qui ne se doutaient pas que, de toutes leurs possessions américaines, bientôt le Canada seul leur resterait. « Les politiques du temps, » dit Laboulaye, « se croyaient sûrs d'une revanche prochaine. Nous les tenons! s'écria M. de Choiseul, le jour où la paix fut signée. On sentait que les colonies anglaises animées par la victoire, et n'étant plus contenues par la crainte des Français et le besoin d'un appui, ne se soumettraient pas longtemps aux gênes qui étouffaient leur commerce et leur industrie, non plus qu'aux prétentions hautaines que l'Angleterre avait déjà plus d'une fois affichées. Mais si ce fut la pensée qui décida M. de Choiseul à signer l'abandon du Canada, quelle fausse et médiocre politique! Sans doute, il était bien de prévoir que les colonies, en grandissant, se détacheraient de l'Angleterre et briseraient un jour sa toute-puissance maritime ; mais ce qu'il était aussi aisé de comprendre, c'est que dans cet immense territoire s'établirait bientôt un empire aussi grand et aussi peuplé que l'Europe, et un empire anglais de mœurs, d'idées, de langage, de religion. Un homme d'État eût risqué la France pour sauver le Canada et conserver à la civilisation latine une part du nouveau continent. Céder, c'était signer l'affaiblissement de notre race; la part que la France a prise à la révolution d'Amérique a bien pu laver son injure, mais elle n'a pas relevé sa puissance abattue. »

Si nous poursuivions cette étude au delà du traité de Paris, il nous serait peut-être facile de montrer que la civilisation latine n'a pas complètement abdiqué dans l'Amérique du Nord, qu'avec la langue deux millions de Canadiens y perpétuent les traditions françaises, mais nous ne dépasserons pas la date fatale. Pourtant, et afin de montrer qu'il y a encore un Canada français, et à quel prix il est resté français, on citera cette page d'un publiciste de Montréal, M. Benjamin Sulte :

« Voilà deux cent cinquante ans que nous habitons ce pays. Durant tout ce temps, on nous a trouvés en lutte avec la forêt et avec les hommes, défrichant le sol, fondant des villes, ouvrant des routes, établissant des villages, des écoles et des collèges. Les guerres contre les Indiens nous ont coûté du sang et des peines. Les guerres contre les Anglais nous ont écrasés, parce que la France nous abandonnait contre des forces dix fois supérieures. La conquête venue, les persécutions ont commencé contre nous. Nous nous sommes réfugiés sur nos terres, sur ce sol arrosé des sueurs et du sang de nos pères, nous sommes devenus des paysans, le corps et la force du pays. Malgré la tyrannie, malgré notre pauvreté, il nous restait assez de cœur pour entreprendre des luttes politiques. Nous les avons entreprises résolument. Elles ont duré soixante-quinze ans, et, pied à pied, durant cette longue période, nous avons regagné le terrain perdu par la faute de notre mère-patrie; nous nous sommes refaits politiquement, commercialement et comme nation (1). »

On dirait parfois que les Français sont toujours au Canada.

(1) D'après le même auteur, il y avait en 1876 1,500,000 Français au Canada, et depuis douze ans la population a rapidement augmenté. La ville de Québec, seule, presque uniquement française, comme la province dont elle est la capitale, a plus de 250,000 habitants.

CHAPITRE XIV.

L'Acadie. — Lescarbot et les premiers temps de la colonie. — Elle passe aux Anglais (1621) et fait retour aux Français (1632). — Accroissement de la population. — Système féodal. — Le village de Grand-Pré. — Conquête de l'Acadie par les Anglais.

A propos de Champlain, nous avons déjà mentionné l'Acadie, mais il nous faut revenir sur les débuts de cette colonie, afin de narrer avec suite l'histoire de sa conquête et de son abandon. Et ce que l'on se propose de donner, c'est bien moins le tableau de ses accroissements que celui de sa fin brutale, de l'odieux guet-apens dans lequel la fit tomber la jalousie anglaise, de l'horrible dispersion à travers l'Amérique de 10,000 colons paisibles et laborieux.

De nouveaux documents ont été publiés naguère sur cette question par un Américain érudit et impartial (1); l'occasion est donc propice pour faire la pleine lumière sur un des crimes les plus monstrueux qu'aient eu à enregistrer les annales du droit des gens. Mais l'énormité de

(1) *Acadia; a lost chapter in american history*, par Philippe H. Smith; 1884.

l'injustice serait-elle comprise, si l'on ne donnait d'abord un aperçu historique des événements qui précédèrent la conquête anglaise, puis de la conquête elle-même? Le résumé qu'on en veut faire sera d'ailleurs si plein d'enseignements, si resplendissant de passages glorieux; l'histoire de cette poignée de pionniers est si attachante par le contraste perpétuel de l'héroïsme et de l'idylle, que les pages qui vont suivre ne pourront manquer d'intéresser grandement tout lecteur français, surtout [des Français d'outre-mer.

« Vous qui croyez à l'affection dont nulle endurance, nulle douleur ne détruit l'espoir... écoutez la navrante histoire que redisent encore les pins de la forêt. »

Ainsi parle Longfellow, le grand poète américain, au début de son *Évangéline*, le touchant poème acadien qui n'est qu'une épisode du drame réel que nous essaierons de conter; et la pitié qu'implore le poète pour son héroïne, l'historien la demande pour le peuple « où les plus riches étaient pauvres, où les pauvres vivaient dans l'abondance ».

Les Français ont montré en Acadie la première de toutes les vertus coloniales et sans laquelle les autres ne servent de rien, la persévérance. On eut à lutter, là comme au Canada, et davantage encore, contre le climat, contre la famine, contre les Anglais, mais tout fut vaillamment supporté, le plus souvent avec bonne humeur; au courage s'ajoutait la ruse et toutes ces menues industries dont font toujours preuve les Français en campagne.

Les débuts de l'expédition, conduite par ce Poutraincourt dont il a déjà été question, un gentilhomme picard, qui rêvait de se tailler là-bas une immense seigneurie, ont été contés avec un esprit charmant par Marc Lescarbot, avocat parisien en quête d'aventures et de sensations, nouvelles :

« M. de Poutraincourt me parla de son projet : m'étant alors bien consulté moi-même, désireux tant de connaître la terre oculairement que de fuir un monde corrompu, je lui donnai ma parole. »

Ce convoi, auquel se joignait Lescarbot, était le troisième que l'on dirigeait en Acadie. Déjà les lieux de colonisation étaient choisis, le petit village et le fort de Port-Royal fondés. C'était aux alentours de ce port que Poutraincourt avait choisi ses domaines. On commença les labours dès le lendemain.

« Il mit de suite une partie des gens en besogne au labourage et culture de la terre; et par grand désir de savoir ce qui se pouvait espérer de cette terre, je fus avide audit labourage, » s'écrie Lescarbot, « plus que les autres. Après deux labours espacés de quinze jours, ils semèrent du blé français, froment et seigle, et à la huitaine suivante, on dit ce travail n'avoir été vain, ains (mais) une belle espérance par la production que la terre avait déjà fait des semences qu'elle avait reçues, et ce fut un sujet au sieur de Poutraincourt de faire son rapport en France de chose toute nouvelle en ce lieu-là. »

On peut dire que de ce jour la colonie était fondée; mais aussi quelle activité, quelle ardeur à tous ces premiers travaux! « Je puis dire sans mentir, » continue Lescarbot, « que jamais je n'ai tant travaillé du corps, pour le plaisir que je prenais à dresser et cultiver mes jardins, les fermer contre la gourmandise des pourceaux, y faire des parterres, aligner des allées, bâtir des cabinets; semer froment, seigle, orge, avoines, fèves, pois, herbes de jardin, et les arroser, tant j'avais désir de connaître la terre par ma propre expérience, si bien que les jours d'été m'étaient trop courts, et bien souvent, au printemps, j'y étais encore à la lune. »

Dès ces premiers temps, le caractère chrétien de la colonie se dessine. A défaut de prêtre, Lescarbot se fait le missionnaire de la communauté : « Je ne serai point honteux de dire qu'ayant été prié par le sieur de Poutraincourt, notre chef, de donner quelques heures de mon industrie à enseigner chrétiennement notre petit peuple, pour ne vivre en bêtes et pour donner exemple aux sauvages, je l'ai fait chaque dimanche, et quelquefois extraordinairement, presque tout le temps que nous y avons été. »

L'Acadie progressa lentement, à travers mille péripéties. Tantôt les fonds furent fournis par des armateurs de Dieppe ou de La Rochelle, tantôt par une dame de Guercheville, qui s'était éprise de l'idée d'évangéliser les sauvages. Mais Mme de Guercheville employait la Compagnie de Jésus, et les armateurs, presque tous huguenots, coupèrent les subventions, le commerce, qui était principalement celui des pelleteries, n'étant pas encore assez assuré ni assez étendu, pour faire taire leurs répugnances, comme cela arriva au Canada. Il advint donc qu'à de certains moments la situation de l'Acadie était assez précaire. Les récoltes étaient maigres, les vivres fournis par la chasse n'abondaient pas tous les jours; il se forma des scissions dans la colonie nouvelle; enfin les Anglais, qui venaient de s'établir en Virginie, tombèrent à l'improviste sur le village de Saint-Sauveur, s'en emparèrent et poussèrent jusqu'à Port-Royal, qu'ils dévastèrent par l'incendie.

Pourtant, la colonie se releva de ce désastre. Mais les

Anglais veillaient : en 1621, elle passe tout entière en leurs mains, pour ne faire retour à la France qu'en 1632,

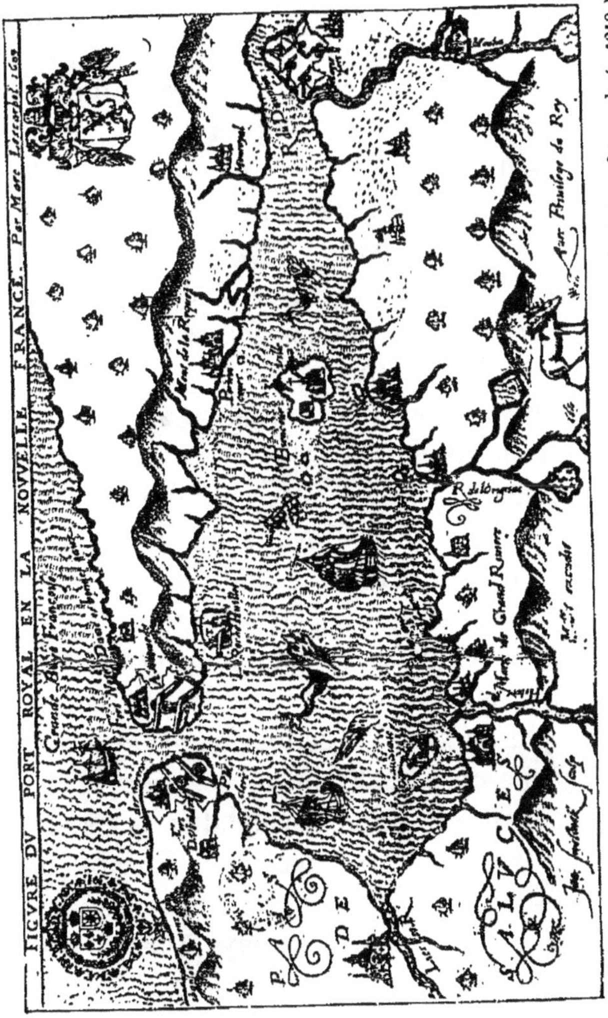

Fig. 46. — Plan de Port-Royal. (Tiré de l'Histoire de la Nouvelle-France, par Marc Lescarbot, 1618.)

grâce au traité de Saint-Germain en Laye. Alors commença une nouvelle période, et, sous les gouvernements successifs de Razilly et de d'Aunay, l'Acadie fit de réels progrès.

Au dix-septième siècle, on comprenait sous ce nom la vaste région composée des provinces appelées aujourd'hui : le Maine, le Nouveau-Brunswick, la Nouvelle-Écosse, les îles Saint-Jean et du Cap-Breton. Quant à la population blanche, elle ne s'élevait pas, en 1670, à plus de 400 habitants. Mais ils appartenaient à des familles solidement établies dans le pays, la plupart depuis plus de quarante ans, vivant dans l'aisance, des produits de leur travail, aimant leur clocher, confiants dans l'avenir et dans la fortune de leurs enfants.

Laissant provisoirement de côté l'histoire militaire de l'Acadie, on peut suivre les phases diverses de la colonisation proprement dite.

En 1679, les Acadiens sont au nombre de 515 âmes ; en 1686, ils dépassent le millier. Le bétail se multipliait plus rapidement encore, les cultures s'étendaient, et la vieille colonie de Port-Royal sentit le besoin d'essaimer, de jeter autour d'elle les germes de nouveaux établissements. C'est ainsi qu'un petit village de mille et quelques habitants devenait à son tour métropole.

Le système social de l'Acadie était, comme pour toute l'Amérique du Nord, à cette époque, aussi bien chez les Anglais que chez les Français, la féodalité. Le seigneur, qui possédait une immense étendue de terres, en concédait des parties d'une importance variable à des tenanciers, lesquels, moyennant une rente, en jouissaient en toute propriété. Or, dans ce pays désert, avec une nombreuse famille, des ressources, de la persévérance, le paysan ou l'artisan pouvait rêver de devenir seigneur à son tour, en allant fonder un établissement en dehors des terres érigées par le roi en seigneuries. Il ne s'agissait que de réussir pour être seigneur de fait, puis de droit, puis, peut-être, de titre, si l'on avait l'occasion de rendre quelques services à l'État. Ainsi prirent successivement naissance la colonie de Beaubassin, fondée vers 1671 par Jacques Bourgeois, chirurgien, puis commerçant en pelleteries et agriculteur; la colonie des Mines qui, après avoir été fondée par Melançon et Pierre Terriau, échut en 1689 à Mathieu Martin, un simple paysan, pour lequel elle fut érigée en seigneurie, parce qu'il était le premier Français né en Acadie.

A Port-Royal, à Beaubassin, aux Mines, la population croissait avec la richesse, d'une façon assez lente encore, mais constante. Il s'était formé sur presque tous les points du territoire des établissements plus ou moins importants qui prospéraient. Au total, en 1701, l'Acadie possédait 1,450 habitants.

Il est même étonnant qu'elle n'en eût pas davantage, si l'on en croit les rapports contemporains. C'était une terre patriarcale : « Les familles acadiennes, » nous dit Diéreville, dans son *Voyage en Acadie* (1708), « sont plantureuses en progéniture. Deux d'entre elles ont chacune 18 enfants, une autre est allée jusqu'à 22 et promet encore davantage. C'est la richesse du pays. » Ce Diéreville a raison : les Acadiens avaient trouvé la vraie méthode colonisatrice, celle qui a peuplé l'Amérique d'Anglais : les nombreuses familles. Sans cette fécondité, d'ailleurs, le pays aurait été désert, car l'indifférence du gouvernement n'était pas faite pour entretenir l'émigration; elle fut à peu près nulle à partir de la seconde moitié du dix-septième siècle. L'Acadie était le fruit exclusif de l'initiative privée, et de là était né un état d'esprit assez curieux chez les Français sujets du grand roi. Les Acadiens, selon le mot de M. de Menneval (1), étaient des *demi-républicains*. Ce gouverneur considérait ses administrés comme des gens ingouvernables, non seulement fermes dans leurs droits, mais entêtés dans leurs prétentions. Ils entendaient se développer à leur guise.

C'était dans l'église, dit M. Rameau (2), que les Acadiens « se groupaient moralement et matériellement : ses fêtes étaient presque les seules fêtes de ces braves gens. A l'église ils se comptaient, s'y retrouvant plus sûrs les uns des autres, unis dans une même idée, une même confiance, et une même sincérité.

« On venait consulter le curé : il était le conseiller dans les affaires difficiles, le président naturel et accepté des délibérations destinées à mettre en branle les établissements nouveaux, les entreprises de desséchement, de moulins, de pêcheries. La communauté se maintenait de la sorte; non seulement elle ne se disloquait pas sous l'effort des tiraillements intérieurs, mais encore elle surmontait la fortune, et, en dépit des caprices du sort, elle parvenait à progresser par une expansion constante et bien entendue. »

Au commencement du dix-huitième siècle, l'Acadie était donc en bonne voie. Sa prospérité, bien que certainement inférieure à ce qu'elle aurait pu être, devint assez enviable pour exciter la jalousie des Anglais. La guerre éclata en 1702. Les forces des Acadiens ne dépassèrent jamais 500 hommes de troupes, garnison, milice et guerriers sauvages compris. Ces Indiens, Abenakis,

(1) Correspondance de M. de Menneval, 17 novembre 1689 (*Archives de la Marine*).

(2) *Une Colonie féodale en Amérique.*

Fig. 47. — Conférence entre colons et sauvages autour du feu du conseil.

Etchemins, Maléchites, Micmacs, au nombre peut-être de 200, bien que fort habilement commandés par M. de Saint-Castin, qui, ayant adopté leur vie, était, pour ainsi dire, devenu leur grand chef, n'offraient que des ressources éventuelles. Il était difficile de les grouper, presque impossible de les faire manœuvrer d'une façon suivie. Cependant, ils firent un mal énorme aux Anglais, et contribuèrent grandement à retarder la chute de la colonie.

La première expédition ennemie partit de Boston en 1704, débarqua 1,300 hommes à Port-Royal, le 2 juillet, et fut forcée de se rembarquer le 22. La seconde tentative de conquête n'eut lieu qu'en 1707. Les Anglais avaient 1,600 hommes, sous les ordres du colonel March, sans compter les équipages de la flotte. C'était presque autant de soldats que la colonie comptait d'habitants. Après onze jours de lutte, ils furent honteusement repoussés. March n'osa pas retourner à Boston, tant sa démarche y avait excité de fureur.

Les Anglais ne se découragèrent pas. Le 30 août de la même année, 25 navires amenaient 2,000 hommes. Moins d'un mois plus tard, ils étaient obligés de fuir, laissant 150 morts et 53 prisonniers. Voilà ce que les Acadiens avaient fait avec leurs seules ressources. Les sauvages faisaient merveille : « Les Abenakis et autres sauvages, amis des Français, font une cruelle guerre aux Anglais, leur enlevant la chevelure, en tuant un grand nombre, faisant des prisonniers qu'ils emmènent à Québec, et dont plusieurs ont embrassé la religion catholique; pillant leurs bestiaux, leurs volailles, leurs maisons; de manière qu'ils leur ont fait abandonner cinquante lieues de pays et que les Anglais n'osent plus sortir ni aller faire

leur récolte que la nuit et avec escorte. On a publié
à Boston que l'on donnerait 100 livres sterling pour
chaque sauvage au-dessus de douze ans que l'on amè-
nerait. »

L'exaspération monta à un tel degré à Boston, qu'on
demanda immédiatement à Londres des renforts considérables (1). Un régiment d'infanterie de marine fut expédié, et l'on en leva quatre dans le pays. Finalement, la
flotte anglaise atteignit Port-Royal le 24 septembre 1710,
avec 3,400 hommes. La défense fut héroïque, mais il
fallut céder au nombre. Le gouverneur, M. de Subercase,
fit des prodiges; le fort de Port-Royal, une bicoque en
bois et en terrasses, résista dix-neuf jours contre un siège
en règle, et la garnison obtint de sortir avec armes et bagages. Comme dernière et ironique victoire, Subercase,
qui n'avait pas les moyens d'enlever les canons, trouva
le moyen de les vendre aux Anglais : les 7,499 livres
qu'il en retira lui servirent, du moins, à solder ses troupes. Si l'on ajoute que le fort avait pour toute garnison
150 hommes (ce qui est à peine croyable), on demeu-
rera, malgré tout, fier d'une telle défense, et l'on comp-
tera Subercase au nombre de ces héros que firent surgir
de tous côtés nos défaites coloniales.

L'Acadie était conquise : le traité d'Utrecht (1713) en
assura la possession aux Anglais.

(1) Les colonies anglaises avaient pourtant à cette époque plus de
260,000 habitants, dont près de 100,000, il est vrai, venus par émigration. Ils ne se multipliaient pas, à beaucoup près, d'une façon
aussi rapide que les petits noyaux de Canadiens et d'Acadiens, lesquels, depuis l'origine de la colonisation, n'avaient reçu d'émigrés
qu'en nombre insignifiant. Dans la même proportion, les Anglais auraient dû être plus de 320,000.

Elle passait en leurs mains avec un peu plus de 2,000
Français. En 1739, la population atteignait 8,000 habitants, dont pas un Anglais. Ce fut alors que les conqué-
rants, voyant les Acadiens progresser, s'enrichir, développer leurs cultures, s'inquiétèrent de posséder une
colonie qui ne profitait qu'aux Français. Les tracasseries

Fig. 48. — La danse du scalp.

commencèrent. On se résignait à ce que l'Acadie échap-
pât, par le fait, aux Anglais, mais on ne voulait pas que
d'autres y prospérassent. Les Anglais auraient consenti,
tellement s'aiguisait leur jalousie, à ce que le pays fût désert, plutôt que peuplé de Français. On chercha à les dégoûter par tous les moyens. Les missionnaires furent
surveillés de près; on poussait dans les villages des incur-
sions militaires qui effrayaient les habitants; on entra-
vait le commerce.

Enfin, une grave question fut soulevée, le serment d'allégeance. Naturellement, peuple conquis et à la merci du vainqueur, les Acadiens ne le refusèrent pas, mais ils entendaient qu'on y insérât cette clause, qu'en cas de guerre contre les Français, ils seraient dispensés de prendre les armes. Cette réserve avait été admise par le premier gouverneur, Nicholson, et elle était si bien de notoriété publique, que dans toute l'Amérique du Nord, les Acadiens étaient connus, depuis la conquête, sous le nom de *French Neutrals*, les Français neutres. Ce nom leur est même resté dans l'histoire. Les Anglais refusèrent de leur continuer cette concession, pourtant assez légitime, ou sur laquelle, du moins, il eût été honnête de ne pas revenir. Les Acadiens s'entêtèrent, et les rapports étaient très tendus entre les habitants et le gouvernement, lorsqu'éclata, en 1744, la guerre entre la France et l'Angleterre.

Pendant quatre ans que durèrent les hostilités, les Anglais vécurent dans la plus grande inquiétude, craignant à chaque instant un soulèvement. La paix signée, ils étaient résolus à faire payer leurs transes aux Acadiens. Deux résolutions furent prises : d'abord, on établirait dans le pays une forte colonie anglaise; ensuite, on se débarrasserait à tout prix de la population acadienne.

Successivement, les deux projets furent mis à exécution. En 1749, 2,544 colons anglais furent installés en Acadie. C'était le plus grand effort colonisateur qu'eût jamais fait directement le gouvernement anglais; il lui en coûta près de trois millions. Cette installation violente d'étrangers, faite au mépris de tous les droits acquis, fut le premier acte du drame. Les Acadiens supportèrent

cependant avec courage leur nouvelle situation, défendi-
rent de leur mieux leurs intérêts, se gardèrent de toute
provocation et attendirent les hostilités. Ils croyaient
peut-être à une lutte ouverte, ils n'en auraient pas eu
peur; ils devaient, au contraire, être victimes de la plus
lâche des trahisons.

CHAPITRE XV.

Ce fut le 15 juillet 1755 que l'on décida, au conseil du gouvernement, à Halifax, de déporter dans les différentes possessions anglaises, la totalité de la population française de l'Acadie. Lawrence était gouverneur; les amiraux Boscawen et Mostyn prirent part à la délibération. Vers la fin du mois, la première nouvelle arriva du dernier refus qu'opposaient les Acadiens à prononcer le serment qu'ils répudiaient depuis si longtemps. Comme la déportation avait été convenue pour le cas où les Acadiens persisteraient dans leur résolution, il ne restait plus qu'à déterminer quelles étaient les mesures à prendre pour se débarrasser le plus sûrement d'eux et à choisir les provinces où ils devaient être disséminés.

Les instructions du gouverneur Lawrence aux différents commandants militaires prescrivaient, en leur faisant part des décisions du gouvernement, de les conser-

27

ver absolument secrètes « pour empêcher la population
d'essayer de fuir avec son bétail ». Il faudra surtout
« vous efforcer de trouver quelque stratagème qui vous
permette de vous emparer sans coup férir des hommes
jeunes et vieux (en particulier des chefs de famille), pour
les avoir sous la main, tout prêts à être embarqués quand
les transports arriveront. Cela fait, il est peu probable
que les femmes et les enfants cherchent à fuir avec le
bétail. »

Toutefois, ajoute Lawrence, on devra réquisitionner
toutes les embarcations et garder les routes. Les prisonniers ne devaient être autorisés à emporter avec eux que
de l'argent et des hardes. Ce gouverneur pensait à tout :
les villages du nord et du nord-est pouvaient donner de
l'embarras, à cause du voisinage du Canada, on les dé-
truirait; on traquerait sans merci ceux qui tenteraient
de se réfugier dans les bois. Il fallait, en particulier,
anéantir entièrement les villages de Jediacke, de Ramsach
et nombre d'autres. Par un raffinement odieux, on différa
l'exécution de l'embuscade jusqu'après la moisson : les
blés mis en grange devaient faire, à bon marché, du pain
pour ceux qui resteraient.

Le colonel Winslow et le capitaine Murray furent chargés de l'exécution. Ils avaient pleins pouvoirs pour toute
mesure de rigueur jugée nécessaire ; les Acadiens étaient
mis en leurs mains. Malgré tout, comme le sort qu'on
prétendait leur faire subir était des plus cruels, il n'était
guère probable qu'ils s'y soumissent de bonne volonté ;
aussi le colonel n'était-il pas sans inquiétude sur le succès de l'exécution qu'il avait acceptée. Après un entretien
avec Murray, il décida d'adresser à la population la proclamation suivante :

« *Aux habitants des districts de Grand-Pré, des Mines, de la rivière Canard, anciens, hommes et jeunes gens.*

« Son Excellence le gouverneur nous ayant fait part de

Fig. 49. — Défrichements.

ses dernières résolutions en ce qui concerne les propositions qui vous ont été faites, et nous ayant commandé de vous en donner connaissance directement, selon les intentions de Sa Majesté, nous ordonnons par les présentes que tous les habitants des districts sus-nommés, comme

ceux de tous les autres districts, anciens, hommes, jeunes
gens et même les garçons jusqu'à l'âge de dix ans, se
réunissent dans l'église de Grand-Pré, le vendredi 5 courant, à trois heures de l'après-midi, afin que nous puis-
sions leur communiquer de vive voix ce qu'il nous a été
ordonné de leur transmettre. Aucune excuse ne sera admise sous aucun prétexte, à peine de perte des propriétés
ou des meubles, à défaut d'autres biens.

« Donné à Grand-Pré, le 2 septembre 1755.

                              « John WINSLOW. »

« Accordons-leur jusqu'au 5 septembre, avait écrit
quelques jours auparavant ce même Winslow ; leurs récoltes ne seront pas rentrées avant cette date. »

L'église de Grand-Pré (on en montre encore l'emplacement aux étrangers) était un vaste édifice, de la construction la plus simple ; 418 hommes y étant rassemblés,
le colonel entouré de ses officiers prit ainsi la parole :

« Messieurs, j'ai reçu de Son Excellence le gouverneur
Lawrence les ordres du Roi, je vous les apporte et je vous
ai convoqués pour vous transmettre les décisions de Sa
Majesté en ce qui concerne les habitants français de la
Nouvelle-Écosse, auxquels elle a accordé plus d'indul-
gence qu'à aucun de ses sujets en aucun lieu de son empire. Vos terres, votre bétail, vos propriétés et meubles,
quels qu'ils soient, sont confisqués par la Couronne. Emportant avec vous vos hardes, votre argent, vos menus
ustensiles, vous allez être éloignés de cette province. La
bonté de Sa Majesté permet, dis-je, que vous emportiez
votre argent et les objets qui ne seront pas de nature à
encombrer les vaisseaux sur lesquels vous allez être embarqués. Nous espérons que, en quelque lieu du monde

que vous abordiez, vous y deviendrez un peuple de sujets
fidèles, paisibles et heureux. Je dois encore vous informer
que c'est le plaisir de Sa Majesté que vous demeuriez provisoirement sous la garde des troupes que j'ai l'honneur
de commander. »

Les Acadiens venus à l'église furent donc déclarés prisonniers du roi. C'étaient des otages : on les fusillait si
le reste ne se rendait pas. Le district de Grand-Pré, celui dont nous nous occupons, fournit environ 2,000 déportés, y compris les femmes et les enfants. Ils laissaient
aux mains des Anglais 279 bœufs, 1,557 vaches, 500 veaux
et génisses et près de 9,000 moutons, sans compter les
récoltes. C'est dire qu'ils étaient riches, beaucoup plus
riches que ne l'est aujourd'hui la moyenne des petits pro-
priétaires ruraux dans les départements français.

Comme quelques-uns d'entre eux s'étaient réfugiés
dans les bois, tout fut fait pour s'en emparer. La contrée
fut dévastée; on chercha à les réduire par la faim. Dans
le district des Mines, les soldats, sur l'ordre de Winslow,
incendièrent 250 habitations, le double de communs et
de moulins, une église. On crut que les fugitifs, sans
vivres et sans armes, allaient promptement faire leur
soumission : beaucoup, en effet, ne purent tenir; pour
ceux qui manquaient à l'appel, Winslow ordonna qu'a-
près une certaine date, ils seraient passés par les armes.

Un grand nombre de laboureurs furent ainsi massacrés; pour comble de cruauté, on brûlait, devant ceux
que l'on épargnait, le mobilier qu'on leur avait d'abord
permis de distraire de la confiscation. On n'eut d'égards
ni pour les vieillards ni pour les infirmes, et beaucoup
d'entre eux moururent pendant les nuits froides, dans
les campements où on les avait parqués sur le rivage.

C'est de là, entre la mer et le cordon de soldats qui les maintenait, que les Acadiens assistèrent, en se tordant de désespoir, aux incendies qui embrasaient le pays.

« Tout à coup, » dit Longfellow, « une grande clarté parut. Ainsi à l'automne, la lune rouge et sanglante... La lumière alla s'élargissant, s'élargissant toujours; elle éclaira le ciel et la mer et les navires à l'ancre dans la rade. La fumée se dressa en colonnes éclatantes : des éclairs de flamme jaillirent de ses plis et disparurent soudain, pareils aux mains défaillantes d'un martyr. Alors le vent secoua des parcelles de bois calciné et des chaumes enflammés, les enleva, les emporta en tourbillonnant dans l'espace, et la fumée, comme un linceul, monta du faîte de cent maisons à la fois, entremêlée de langues de flamme. La foule des Acadiens terrifiée voyait ces choses du rivage et du bord des navires. Ils restèrent muets d'abord, mais bientôt ils s'écrièrent dans leur angoisse : « Nous ne reverrons plus nos maisons du village de Grand-Pré ! » Les coqs, croyant le jour venu, commencèrent tout à coup à chanter bruyamment dans les cours des fermes; le vent du soir apporta le beuglement des troupeaux interrompu par l'aboiement des chiens. A ce moment, une horrible clameur se fit entendre, semblable à celle qui réveille en sursaut un camp endormi dans les prairies ou dans les forêts lointaines de l'ouest, au bord de la Nebraska, quand les chevaux sauvages détalent effarés, avec la rapidité de la rafale, ou quand les troupeaux de buffles, avec de longs beuglements, se précipitent dans les rivières. Tel fut le bruit qui monta dans la nuit, quand les troupeaux et les chevaux, brisant parcs et clôtures, s'élancèrent, fous de terreur, à travers les prairies. »

Les Acadiens supportèrent noblement leur malheur, et surent se contenir avec une dignité qui étonna les Anglais, ainsi que le montre cette lettre, assez odieuse, de Murray à Winslow :

« Fort Édouard, 8 septembre 1755.

« Je suis extrêmement content que les choses se soient aussi bien passées à Grand-Pré et que les pauvres diables soient aussi résignés. Ici, ils ont été plus patients que je n'osais l'espérer. J'ai crainte que cela n'aille pas si bien à Annapolis (Port-Royal) et qu'il ne me soit difficile de les rassembler tous. Vous savez combien nos soldats les haïssent; ils chercheront tous les prétextes pour en tuer le plus possible... Il me tarde de voir ces pauvres misérables embarqués et nos affaires un peu débrouillées, car ce sera un vrai plaisir pour moi d'aller trinquer avec vous à leur bon voyage. »

Les instructions du gouverneur relatives à l'embarquement étaient en flagrante contradiction avec les promesses de Winslow. Il prescrivait de faire monter à bord les prisonniers par groupes, sans tenir compte des préférences ni des réclamations, à raison de deux par tonne. On devait commencer par les chefs de famille et les hommes, de sorte que les ménages se trouvaient séparés, le mari sur un navire, la femme sur un autre, les enfants sur un troisième. Leur ration était de cinq livres de biscuit et d'une livre de porc par semaine; il ne leur était permis de monter sur le pont qu'à tour de rôle et constamment gardés à vue. C'est à peu près ainsi que ces mêmes Anglais traitaient alors le « bétail noir » sur les négriers, commerce dont ils s'étaient, on le sait, réservé le monopole par un traité spécial avec l'Espagne.

Les transports amenés dans la baie Française (aujour-d'hui baie de Fundy) firent voile vers la Caroline du Nord, la Virginie, le Maryland, le Connecticut, Phila-delphie, New-York et Boston. Lawrence estime que le nombre des déportés fut d'environ 7,000.

Ce qui se passa pendant les cinq jours qui s'écoulè-rent entre ce mémorable 5 septembre et le jour de l'em-barquement, on ne le sait pas d'une façon précise. Les témoignages des victimes peuvent, jusqu'à un certain point, être tenus pour suspects, et les Anglais ont fait disparaître tous les documents officiels qui se rapportent à cette période. Haliburton l'a remarqué le premier (1) : il ne reste aucune trace des déportations acadiennes aux archives d'Halifax. Dans la correspondance de Lawrence, il y a une lacune du 24 décembre 1754 au 5 août 1756. L'Angleterre a eu honte des instructions de ses minis-tres, mais cette disparition des papiers les plus impor-tants de l'histoire acadienne en dit très long, et l'on est en droit de soupçonner des choses graves. En tout cas, ce que l'on connaît de source sûre suffit pour se faire une opinion.

« Il y a des exemples dans les annales du passé, » dit M. Smith, « d'une contrée volontairement désolée en temps de guerre, quand les habitants avaient été pris les armes à la main; mais nous défions toute l'histoire de produire un crime pareil à celui dont fut victime un peuple paisible et désarmé comme les Français d'A-cadie. »

Tout ne s'était pas arrangé aussi aisément que le croyait

---

(1) *Historical account of Nova Scotia;* 2 vol. in-8°; 1839.

Murray. En certains districts, il y eut de la résistance, par exemple à Cumberland et à Annapolis. A Cumberland, les habitants prirent la fuite dans les bois à l'approche des soldats, joignirent un parti d'Indiens, revinrent au nombre de 300, défirent les Anglais et leur tuèrent une dizaine d'hommes. Le commandant du poste, Thomas Speakman, se vengea en faisant, comme partout, incendier leurs maisons; mais, du moins, bien que fort misérables, ils restèrent en Acadie, vivant de la vie des Indiens.

Le même fait se passa à Annapolis. Quelques-uns de ces malheureux réussirent à passer au Canada; d'autres purent, dans la suite, recommencer péniblement leur vie de colons, en allant, plus loin, défricher des terres neuves. Les Anglais, nous le verrons, ne réussirent pas à extirper d'Acadie tout élément français. Les fils de ces persécutés sont encore assez nombreux aujourd'hui dans la Nouvelle-Écosse.

Le colonel Winslow resta encore quelque temps en Acadie, après l'odieuse exécution qu'il avait dirigée, mais il ne put même recueillir les fruits de sa lâche obéissance. Comme il arrive des misérables instruments dont les gouvernements se servent pour de laides besognes, il se trouva en butte au mépris et aux affronts de ceux qui lui avaient momentanément accordé leur confiance. On retira de son commandement des Mines la plupart des troupes dont il était le chef, et il se résigna à donner sa démission et à se retirer à Boston. Une partie des déportés acadiens avaient été débarqués dans cette ville. Winslow put donc par ses yeux jouir de son œuvre, contempler les bandes d'infortunés qui erraient aux environs, sans pain et sans asile, à peine secourus par une population égoïste et haineuse, qui ne voyait en eux que d'anciens ennemis réduits à merci. Il put même en voir périr un grand nombre de misère, de maladie, surtout de faim. Winslow mourut à soixante-trois ans, quelques années avant la guerre de l'indépendance, où allait se distinguer un fils de ceux qu'il avait persécutés, le général Sullivan.

Pendant l'exode et sur la terre d'exil, un dernier déni de justice avait été fait aux Français. Leurs prêtres ne purent pas les accompagner : il furent tous expédiés en Angleterre. Les malheureux Acadiens, très fervents catholiques, furent ainsi privés, en pays du plus rigide protestantisme, du seul secours qui eût un peu adouci leurs souffrances.

« Rien, » dit encore Haliburton, avec la solennité d'un historien justicier, « rien ne peut justifier cette profonde injustice, rien, pas même la nécessité. Les apologistes anglais ont eu beau faire, ils n'ont réussi à laver ni la couronne ni le gouvernement provincial de la Nouvelle-Écosse de cette tache d'ignominie (1). »

Pour compléter le tableau de cette période douloureuse de l'histoire acadienne, il faut suivre les déportés au moins jusque dans l'une des colonies anglaises où on les

---

(1) C'est une question qui pourtant leur tient toujours à cœur. Il n'y a pas bien longtemps encore, à propos de l'ouvrage de M. Smith, un journal littéraire anglais d'une haute autorité et d'une parfaite orthodoxie britannique, *l'Athenæum*, essayait de justifier les déportations acadiennes en donnant les premiers torts aux Français qui, à l'instigation de leurs curés, se seraient tenus en perpétuelle révolte contre le gouvernement. La raison ne serait pas encore suffisante, si ces faits étaient prouvés, et il faudrait, quand même, s'en tenir au jugement d'Haliburton, Anglais de la Nouvelle-Écosse, qui ne saurait du moins être accusé de partialité intéressée.

débarqua. Les 19 et 20 novembre 1755, trois navires jetèrent l'ancre dans la Delaware, au-dessous de Philadelphie, après une traversée d'environ deux mois. L'un
d'eux avait voulu entrer dans le port, mais les autorités
s'y étaient opposées. Le gouverneur craignait que les
Acadiens ne se joignissent « aux catholiques irlandais
et allemands des provinces voisines pour fomenter dans
la colonie quelques nouvelles dissensions ».

Le gouverneur Morris ne voulut prendre sur lui aucune
décision relative aux Acadiens; il demanda des pouvoirs
à l'assemblée provinciale, en insinuant qu'il ne croyait
pas que le souci de la santé publique permît leur débarquement : une maladie contagieuse s'était déclarée à bord
pendant la traversée. L'assemblée nomma un délégué
qui fit dans son rapport un tableau si lamentable de leur
situation qu'on leur accorda quelques secours. Ainsi
nous avons sur la détresse des déportés un document
officiel émanant d'un pouvoir public évidemment hostile.
Morris n'avait pas menti : ils étaient décimés par les
maladies, nées naturellement d'un si long séjour dans
l'entrepont de navires mal aérés; le meilleur secours et
le meilleur remède était de les laisser prendre terre, mais
on s'y opposait toujours. Ils ne purent débarquer avant
le commencement de décembre.

Cependant, il n'est milieu si rebelle à la sympathie où
l'on ne finisse bien par trouver quelques cœurs pitoya-
bles. Il y avait à Philadelphie des émigrés français, huguenots, devenus quakers, qui se sentirent Français devant des Français malheureux. Les Benezet et les Lefèvre
de Philadelphie venaient du même sol que les Thibau-
deau et les Leblanc de Grand-Pré. Les Acadiens eux-
mêmes reconnurent les bons procédés des huguenots

français dans leur mémoire à l'assemblée de Pensylvanie : « Dieu soit béni d'avoir dirigé notre étoile vers
la Pensylvanie, où nos maux ont été pansés, où nous
avons été traités avec une bonté et une charité toutes
chrétiennes. »

L'assemblée décida de les répartir dans la campagne
« pour leur donner les moyens d'exercer leurs métiers et
leurs industries ». Tout en reconnaissant qu'ils auraient
pu plus mal tomber, les Acadiens n'entendaient pas s'é-
tablir au milieu d'Anglais, au milieu de gens hostiles à
leur origine et à leur religion ; ils entendaient, du moins,
puisque leur chère Acadie leur était fermée, être renvoyés en France. De plus, se considérant comme prisonniers de guerre, ils refusaient justement de travailler,
prétendant, selon les lois de la guerre, être nourris par
ceux qui les détenaient.

En attendant, les riches fermiers d'Acadie mendiaient
dans les rues de Philadelphie ; beaucoup moururent de
la petite vérole. Il faut dire, en faveur de ceux qui refusèrent péremptoirement le travail, que les Anglais, hormis
les quakers, ne voulurent même pas employer le petit
nombre qui montra la volonté de gagner sa vie. Le gouverneur général, comte de Loudon, alla jusqu'à faire
jeter en prison six Acadiens qui avaient commis le crime
de lui adresser un mémoire en français : Charles Leblanc,
J.-B. Galerne, Philippe Melançon, Paul Bujaud, Jean
Landy.

Tous les Acadiens déportés ne laissèrent pas leurs os
sur la terre d'exil. Quand la paix fut faite entre la France
et l'Angleterre en 1763, les esprits s'étant un peu apaisés,
un certain nombre de familles, environ 140 ou 150, entreprirent de revenir à pied dans la chère Acadie, dont

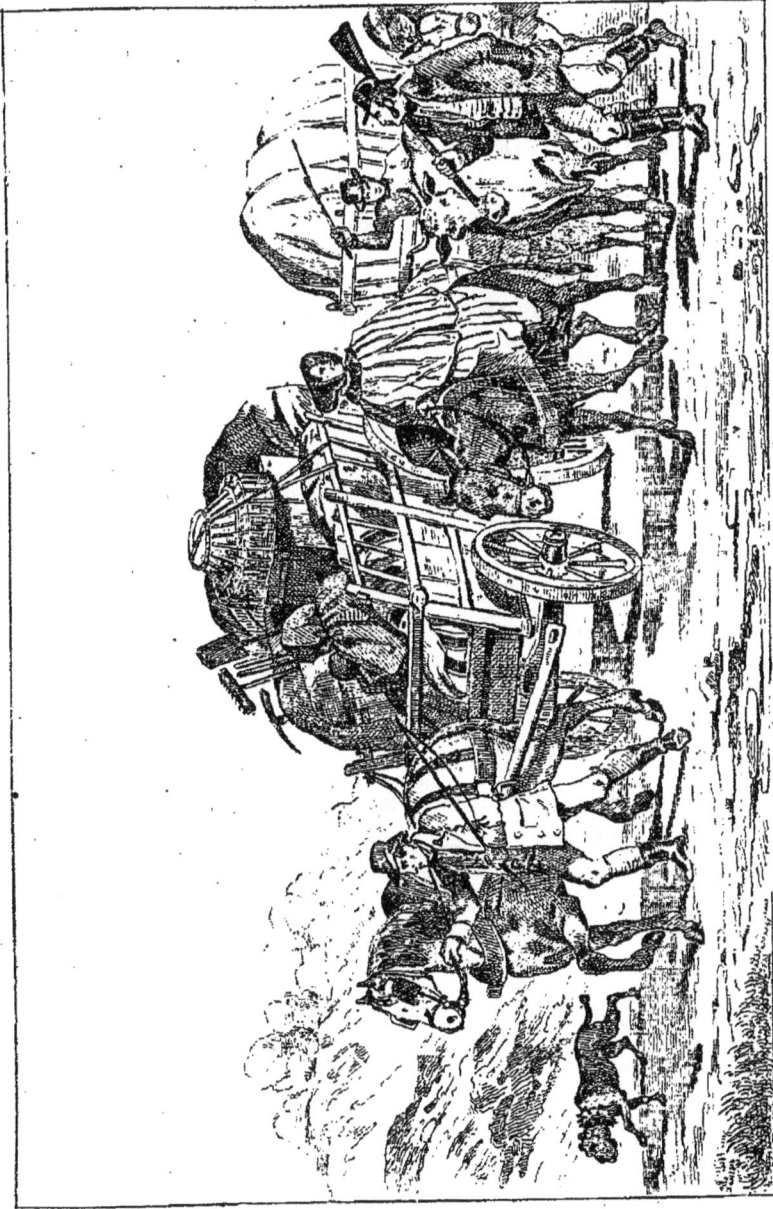

Fig. 50. — Émigration de riches fermiers d'Acadie.

elles avaient été chassées huit ans auparavant. Elles re-
montèrent la baie de Fundy, dit M. Rameau, « jusqu'à
l'isthme de Shediak, à travers 150 lieues de forêts et de
montagnes complètement inhabitées : des femmes enceintes faisaient partie de ce misérable convoi, qui accou-
chèrent en route; nous avons connu quelques-uns des
fils de ces enfants de la douleur; et c'est de leur bouche
que nous tenons le récit que leur avaient transmis leurs
pères, nés pendant ce douloureux exode. »

Réunis aux Acadiens qui avaient résisté aux soldats
anglais, ces débris formèrent une population d'environ
2,400 habitants. Ils étaient pauvres, ayant dû se con-
tenter des plus mauvaises terres; mais ils travaillèrent·
double, et si grande était la vitalité de ce petit peuple,
qu'en 1803, d'après les registres de, l'archevêché de
Québec, ils étaient déjà au nombre de 8,400. Depuis cette
époque, la progression s'est normalement maintenue. Ils
étaient 85,830 en 1871, et comme cette population a
doublé, en moyenne, tous les vingt ans, vers 1891, ils
seront plus de 150,000.

Telle est, en résumé, l'histoire de cette Acadie si oubliée, dont parlent à peine les annalistes du Canada,
et qui pourtant a sa place à côté de l'épopée de la grande
colonie.

FIN.

TABLE.

—

INTRODUCTION.

CHAPITRE PREMIER.

CHAPITRE II.

CHAPITRE III.

CHAPITRE IV.

CHAPITRE V.

CHAPITRE VI.

CHAPITRE VII.